若者離れ

電通が考える
未来のためのコミュニケーション術

電通若者研究部 編
吉田将英、奈木れい、
小木 真、佐藤 瞳 共著

エムディエヌコーポレーション

はじめに

「これ…　完全に私です…!」

これは、私たち電通若者研究部（以下、ワカモン）が実際にお会いさせていただいた、ある大学生の実際の言葉です。

ワカモンはこれまで、学生をはじめとする多くの若者のみなさんと、いろいろなプロジェクトでご一緒させていただきました。そのなかで、ワカモンが考察した「若者が本当に考えていること」について話したときに、その学生がすごく驚いた顔で言ってくれた一言です。その一言から私たちが感じたことは、ワカモンの研究成果は間違っていない!という嬉しさはもちろんですが、それ以上に、若者は〝自分の思っていることを大人にわかってもらえた経験〟にものすごく飢えている、ということでした。

「若者の〇〇離れ」という言葉に象徴されるように、昨今、世の中では若者に関する大人側からの考察や理論が飛び交っています。少子化が進み、どんどん数が減っているはずの若者に世の中の注目が集まるのは、それでも無視できない、何か言葉にできないような引力が若者にあるからなのか、それとも彼らの行動や考え方が、大人の目には「モンスター」のように奇妙に映るからなのか。

しかし、これだけの若者論が世の中にあるにもかかわらず、冒頭の彼女のように「大人にわかってもらう経験」への欲求は満たされていないようです。なぜなのでしょうか。

彼女はそのあと、それはそれはたくさんのことを僕たちに教えてくれました。好きなこと、悩み、将来について、友達関係、ＳＮＳの使い方…。「わかってもらえている」という安心感や信頼があってはじめて、若者の行動はガラリと変わるのだという象徴的な出来事でした。そしてそれは、世の中にあふれる若者論のほとんどが、若者からすれば「わかってないなあ…」という心象なのかもしれない、という危機感にもつながりました。

どうすれば本当の意味で、彼ら若者たちと社会との間にもっとよい形の相互理解や、それを起点とした新たな価値を生み出せるのか。これまでさまざまな企業や団体のみなさんと「若者と社会のよりよい関係性のデザイン」を実現してきたワカモンとして、今までの研究結果や考察、分析を総棚卸ろしし、記したのが本書です。「若者の○○離れ」ではなく、なぜ「若者離れ」なのか。それを乗り越えた先にある、意義や価値はどのようなものなのか。

本書が、大人のみなさんにとっても、若者のみなさんにとっても、お互いの関係性を今よりも少しでも良い方向に導く一助になれば幸いです。

2016年6月
電通若者研究部　代表　吉田将英

目次

3章 成長してきた環境とその価値観 85

5章 いま、大人に必要な考え方、動き方

「電通若者研究部」（通称：電通ワカモン）とは

「電通ワカモン」は、高校生・大学生を中心に10～20代の若者の実態にとことん迫り、若者と社会がよりよい関係を築けるようなヒントを探るプランニングチームです。

いつの時代も若者は、上の世代にいろいろ言われながらも、新しい感性や新しい考え方で半歩先の未来を象徴する存在でした。

電通ワカモンは、そんな若者のリアルなマインドやインサイトから未来を予見し、よりよい関係性のデザインを実現しています。

若者が元気な国の未来はきっと明るい。

若者の新しい感性や考え方で、企業だけでなく日本社会の活性化までも目指します。

活動内容 商品開発／広告・販促コミュニケーション企画／インサイト研究／オリジナル調査モニターの構築／コンテンツ開発・監修／イベント企画・開発／セミナー講演／学生団体・大学サークル・関連有識者などのコーディネイト／企業人事のリデザイン（新卒採用、人材教育など） etc...

電通ワカモンFacebook
https://www.facebook.com/wakamon.dentsu/

1章

いま、若者を考える必要性

1-1 現代日本における〝若者〟という存在

「なんでそんなに、若者とうまくやらないといけないの?」

「はじめに」で述べた、私たちワカモンの活動方針を読んで、こう感じた人も多いと思います。「若者なんて、よくわからないし、面倒だし、若いんだから自分で何とかしろよって思うし、理解できなくても困らないし…」。大人の立場からすれば、「若者と積極的にかかわる必要性を感じない理由」は、いくらでも挙げられるでしょう。もちろん、「年ごろの息子と話ができない」「新人が部署に配属されたが会話がかみ合わない」「自分の担当商品が若者ターゲットだが、どうも売れない」など、日ごろから、若者と接する具体的な必要性に迫られている人は、よく理解できない若者と、悪戦苦闘しながら向き合っていることでしょう。しかし、そうした機会の少ない人にとってみれば、若者との関係性にまつわる悩みは、決して今にはじまったことではなく大昔から存在し、「べつに今までそれで困らなかった」「なんで今さら?」と思うかもしれません。

1章ではまず、今の時代における大人にとっての若者理解の必要性や意義について、「なぜ今なのか」と「対話できることの意義や価値はなにか」という2つの切り口から紐解いてみたいと思います。

なぜ、いま、若者？

若者との対話の必要性を考えるうえでの大前提として、今の日本が、若者と社会の関係性においてどのような時代なのかを簡単に確認してみます。[図1]は1950年と2015年の日本の人口ピラミッドを比較した図です。国民に占める14歳以下の割合は、1950年では35・4％であるのと比べて、2015年では12・5％にまで減っています。一方で、65歳以上の割合は、4・9％から26・8％に増大しています。現在の日本の人口動態が、いわゆるピラミッド型から、逆ピラミッド型に近づきつつあり、この「若者少数社会」は今後も日本において進行し続けることが予測されます。

ここで重要なのは、少子高齢化社会という周知の事実ではなく、この「大人と若者の比率の逆転」が、実際の大人と若者の関係性にどのように影響を及ぼすか、ということです。

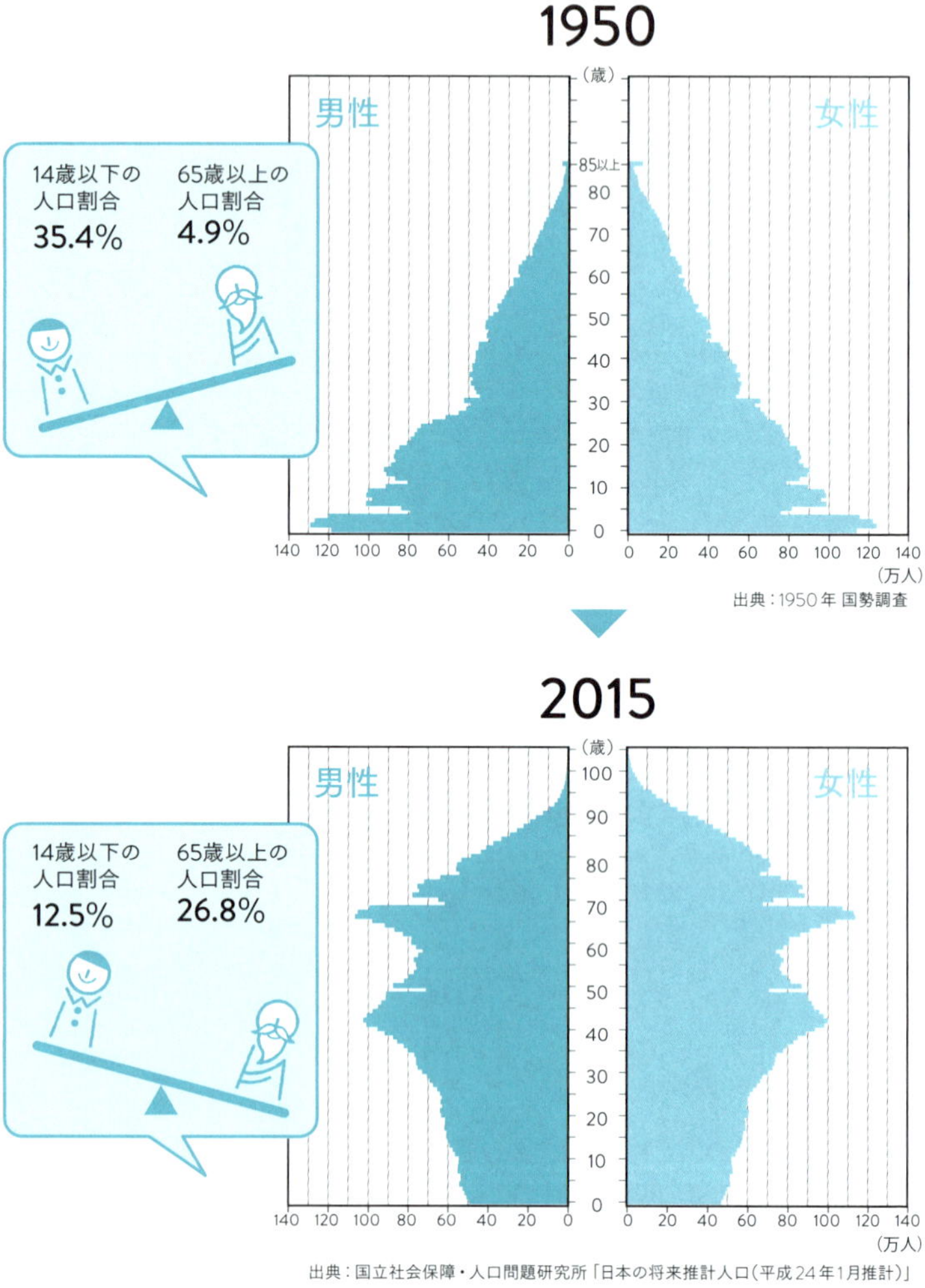

[図1]日本における高齢者と若者の割合推移

これだけ若者が少数派になってくると、まず起きるのが**社会にとっての若者の「量の影響力」の減少です。**「量の影響力」とはたとえば、「ターゲットボリュームとして大きな世代である」「選挙において無視できない票数をもっている」など、人数規模の大きさによる影響力ということをここでは意味します。その若者の「量の影響力」が減り続けているのが現代日本社会というわけです。こうした状況で、主に大人側が運営している社会や組織は、どのような判断を下すようになるか、それは想像に難くないでしょう。「どうせ若者は少ないから、彼らをターゲットにしても、数売れないでしょ」「若者向けの政策をつくっても、得票数はあまり変わらないだろう」…。

このように、「若者の量の影響力は無視しても差支えない程度しかない」「労力をかけて向き合っても、見合うだけの見返りがない」という状態が、実際に今もさまざまな場面で起こっているのではないでしょうか。

量の影響力の少なさを理由に、社会全体が「高齢者最適化」されていく結果、そもそも若者に対して向き合っているサービスや商品、社会の仕組みが減ってきているといえます。すっかり定着した「若者の〇〇離れ」というフレーズですが、このような社会の構造から鑑みると、離れていっているのは若者のほうではなく、むしろ大人や社会の方ほうだと言うことができます。その前提を考慮せずに、「若者が思いどおりに動いてくれない」というもどかしさを、いくら「若者の〇〇離れ」という言葉で表現したところで、若者側から言わせれば「そもそも僕らのほうを向いていないでしょ?」「離れているのは大人のほうじゃないの!?」という心境ではないでしょうか。

現代の日本社会における「若者と社会の関係性」は、**若者の少数化を大きな要因として、「社会の若者離れ」という現象が起きているといえます。**これが「なぜ今、若者と対話する必要があるのか」という理由の大前提です。

どうして、対話する必要があるのか

とはいえ、量の影響力を根拠に、大人や高齢者に最適化されたアクションを起こすことは、社会や企業の判断として理にかなっています。若者からすればそれはおもしろくない現象かもしれませんが、「最大多数の最大幸福」[1]でも言われているように、より多くの人に最適化することは、その集団にとってまったく間違っていない選択でしょう。高齢者が圧倒的多数を占める社会それ自体が問題というわけではありません。ただし、そうした人口構成比に日本が今後ますます変容していくうえで、どのようなリスクが潜んでいるのかは把握しておいたほうがよいでしょう。「少ない若者を無視して、なにが不利益なのか？」「極論すれば、大人側に不利益はないのではないか？」という声も聞こえてきそうですが、果たして本当に、大人や社会全体に不利益はないのでしょうか？

「社会」を主語にした話では、なかなか実感がわかないと思いますので、ここで一度、「組織」の話として考えてみます。企業や団体などに属しているほぼすべての人は、何らかの組織に組み込まれた立場のなかで、その一員としてパフォーマンスを発揮していると思います。さまざまな組織の形があるとは思いますが、そのほとんどに次のような原則が当てはまるといえます。

- **なんらかの形で「上司」「部下」といった、上下関係が存在している**
- **「上司」になればなるほど、権限の範囲や強さが拡大する**

1 最大多数の最大幸福

「個人の幸福の総計が社会全体の幸福であり、社会全体の幸福を最大化すべきである」という功利主義の基本思想。イギリスの哲学者・経済学者であるジェレミー・ベンサムが提唱した。

●「役職付きの社員」のほうが、「平社員」よりも数が少なく、上層にいけばいくほどそれは顕著である

改めて確認するまでもありませんが、つまり日本の組織の多くは、「権限」と「数」においてピラミッド型の構造になっている、ということです。上層部になればなるほど、数は減り、そのかわり権限が増えます。反面、現場の社員は権限が少ないかもしれませんが、そのかわりに数が多い。この権限と数のパワーバランスの均衡が、組織内の健全なコミュニケーションを保っていた側面があるでしょう。「現場の意見の黙殺」や「権力者の専横」に対して、現場は少なくとも数という影響力で抑止できたし、逆に「決断の難しい事項に対しての決定」や「大所高所からの判断の必要性」に対しては、上層部は権限をもって組織運営に貢献できていたといえます。

ただし、この今までの「組織」という仕組みにも、大きな前提があります。それは「年長者のほうが、現場の若手よりも人数が少ない」形の人口ピラミッドである、という前提です【図2】。

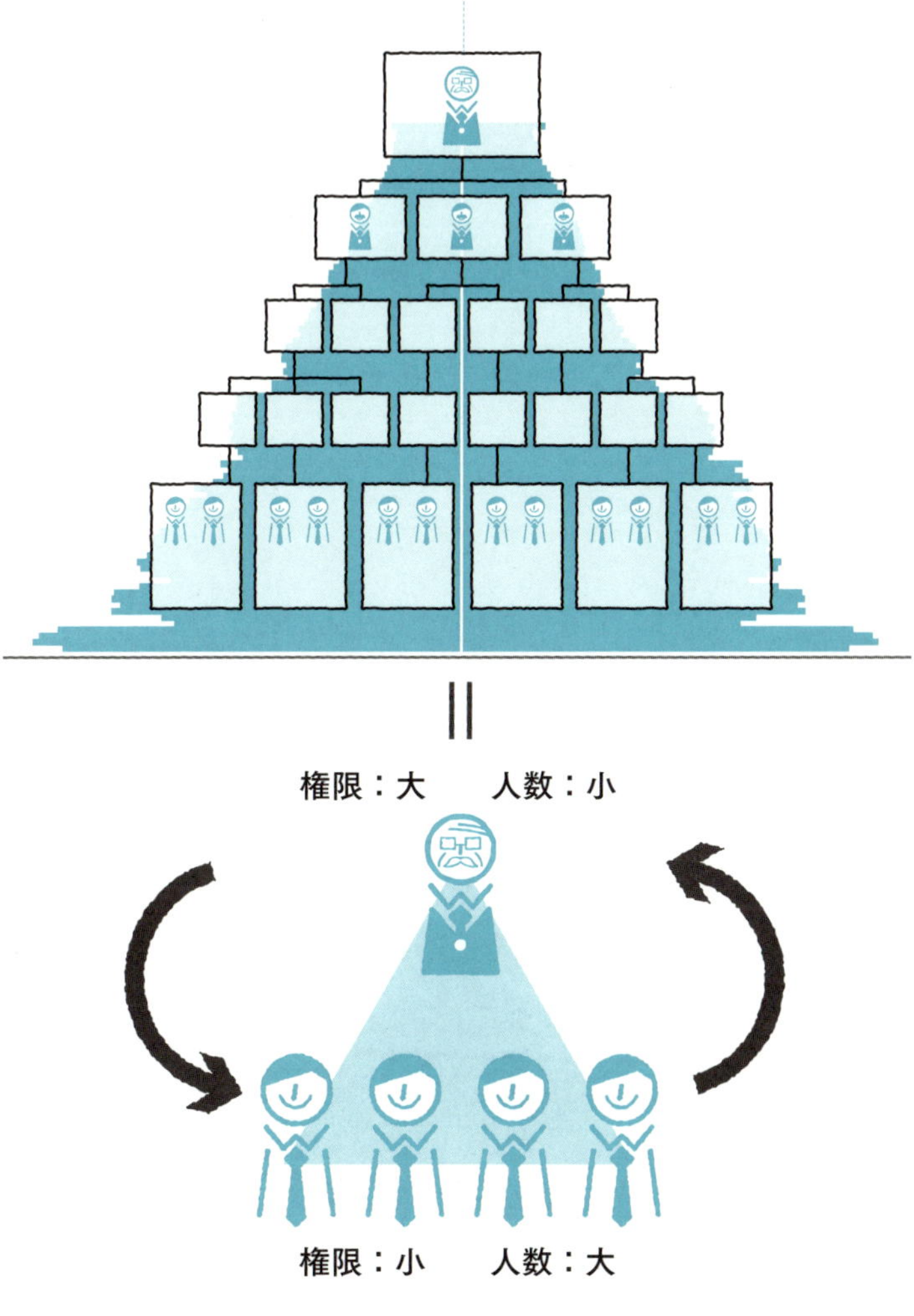

［図2］若者多数社会（1950）の世代間パワーバランス

長老だらけの国

「長老」という言葉があります。童話やファンタジー、あるいは昔話などにしばしば登場し、そのコミュニティにおける最年長として、豊富な経験則と長年培ってきた知識や勘で人々を正しい方向に導く存在として描かれます。長生きすることが希少なことであった時代において、長老の言葉は「長く生きた存在の言葉である」というだけで、その存在同様に希少価値や説得力を帯びていたのだと思います。しかし、高齢化によって、「長く生きたということだけからくる希少価値」が下がり、年齢という意味だけでいえば、「長老だらけの国」になりつつある日本においては、大人と若者の関係性は、かつての長老と村の若い衆の間柄とは異なります。

いま、うちの部署は、部長が一番多いですよ（笑）

こんな話をする若手のビジネスマンに会うことが、最近少なくありません。先に述べた人口ピラミッドの逆立ちが多くの組織内で起こっているわけですから、こうした事態も当然起こり得るわけです。これは、「権限」の影響力も、「数」の影響力も、年長者側に偏ってしまっている状態であり、これでは組織内のパワーバランスの均衡は崩れ、社内コミュニケーションもかつてのようなやり方では、うまくいかないのは当然だといえます。また、逆ピラミッド化によって、年を重ねているという事実そのことの価値が下がり続けるいま、年長者に対する尊敬や信頼も、若者のなかで揺らいでいるのかもしれません【図3】。

「最近の若手は覇気がない」「野心的なアイデアが出てこない」など、若手に対しての不満や物足りなさを感じる中間管理職の方も少なくないかもしれませんが、その一因として、「若者が自分を出しづらい雰囲気や構造に、組織そのものがはまっている」可能性も考えたほうがよいのかもしれません。「自分の若い頃はもっとやんちゃで…」などと、つい過去の自分との比較をしてしまうかもしれませんが、年長者と若者の関係性の根っこが大きく異なっているということについては前提としておさえておくことが、彼らに対しての違和感を払拭し、対話できるようになるための第一歩だといえるでしょう。

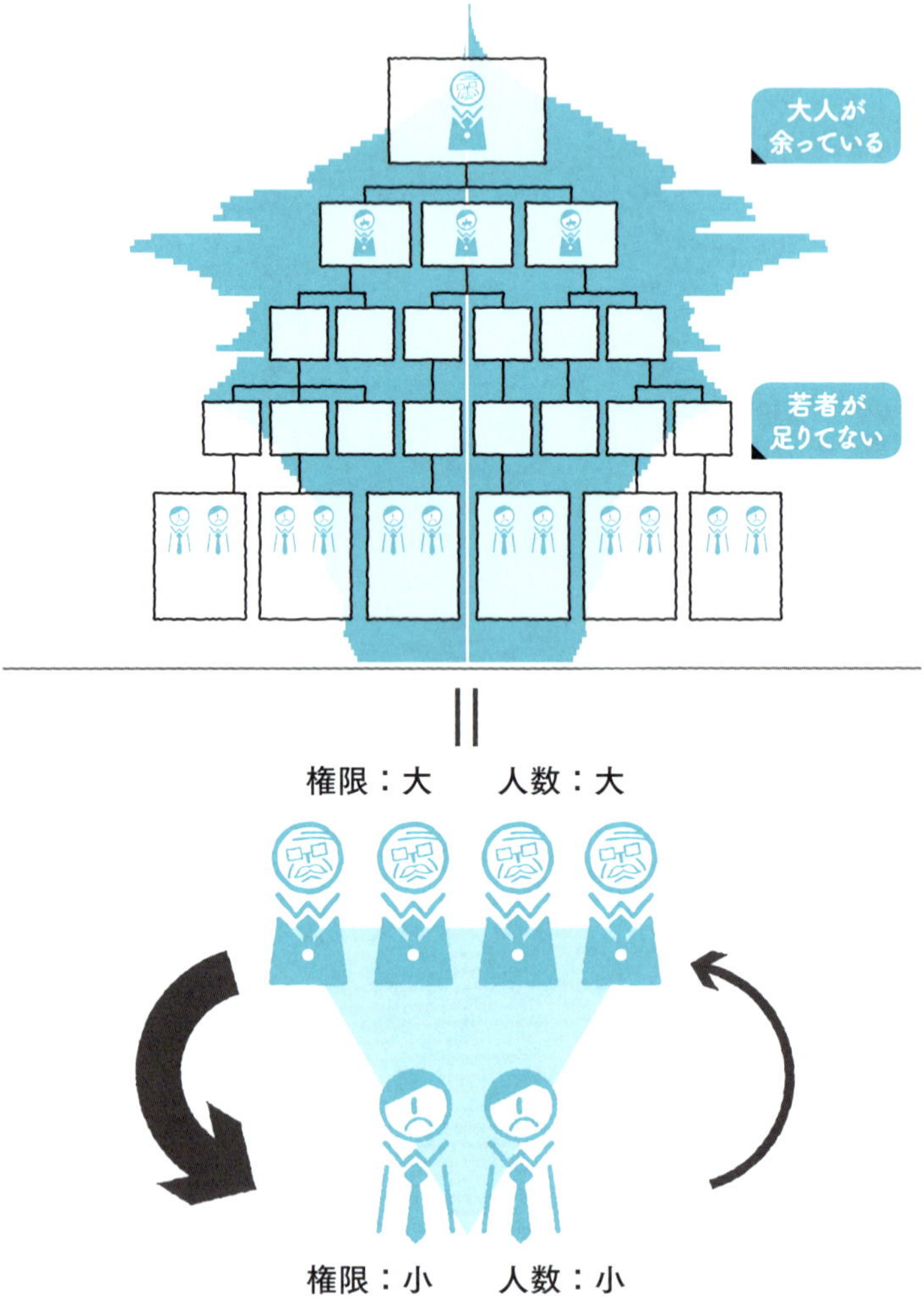

[図3]若者少数社会(2015)の世代間パワーバランス

情報革命後の前提

とはいえ、人口構成を変えるわけにもいきませんし、ましてや年長者をクビにするわけにもいきません。また、大人の立場からすれば「そりゃ、若手はつらいかもしれないけど、自分のことは自分で頑張れ」といってしまえばそれまでです。ただ、それでも若者との対話が「若者のためを思ってやるべき」ということのみならず、大人側や組織、社会全体にとって必要な理由があります。それは、**若者が「量の影響力」をもっていた時代には、自然にそのなかから社会や組織に還元できていた、若者のもっている「質の影響力」の存在です。**

ここで少し、海外のようすを見てみます。アメリカにも若者論はさまざまな形で存在していますが、今、注目されている代表的な存在は「ミレニアルズ」でしょう。ミレニアルズとは、アメリカの世代論における世代の名称で、1980年代から2000年代前半に生まれた世代のことを指します。SNSを使いこなし、異文化への寛容性が高く、社会貢献意欲が高いなど、その特徴は日本の今の一般的な若者論で語られる若者像と重なる部分が多々あります。ただし、日本との大きな違いは、ミレニアルズに代表されるアメリカの若年層はまだ「量の影響力」も備えているだけの、人数ボリュームの大きい世代だということです。

社会や市場も、ミレニアルズの需要をいかに取り込むかについて、それなりに注目してアクションを起こしており、日本と比較して、「社会の若者離れ」が進行していないともいえます。ただ、そのような消費者としてボリュームがあるだけでなく、もうひとつ、ミレニアルズがアメリカで注目されているのが、「それ以前の世代では思いつかなかったような独創的なアイデアで、事業や商品を創造している」という点です。つまり、「質の影響力」の点においても無視できないくらい、存在感をもっているのです【図4】。ここに挙げたのはアメリカのミレニアルズの代表的な起業家です。**彼らに共通している能力のひとつが、「前提打破力」です。**

マーク・ザッカーバーグ　Facebook創業者
1984年5月14日生まれ、2004年創業：当時20歳
2016年現在32歳

パーマー・ラッキー　Oculus VR, Inc.創業者
1992年9月19日生まれ、2012年創業：当時20歳
2016年現在23歳

ブライアン・チェスキー&ジョー・ゲビア　Airbnb創業者
ブライアン　1981年8月29日生まれ、2008年創業：当時27歳
ジョー　1981年8月21日生まれ、2008年創業：当時27歳
2016年現在ともに34歳

エヴァン・スピーゲル　Snapchat創業者
1990年6月4日生まれ、2011年創業：当時21歳
2016年現在26歳

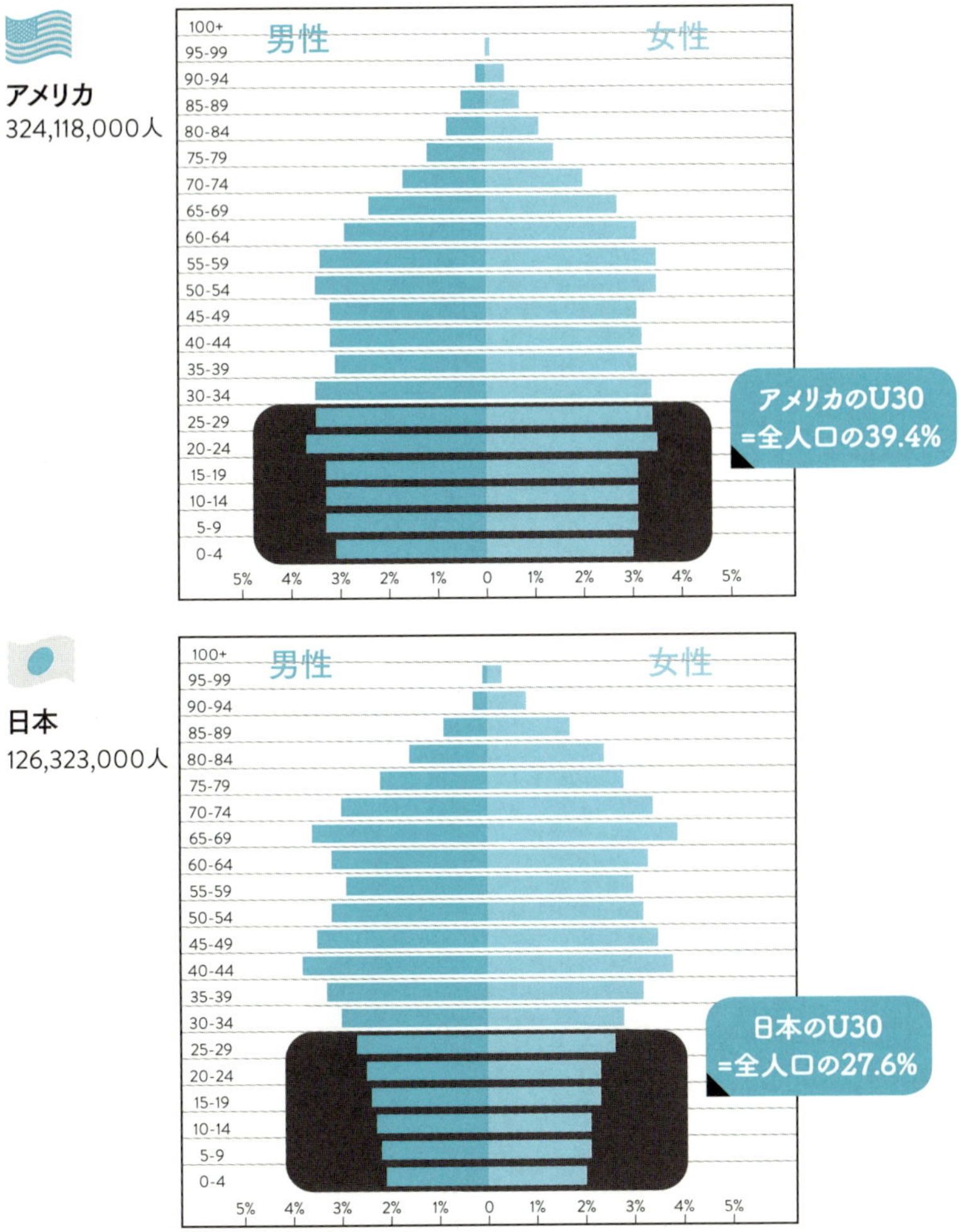

出典：United Nations, Department of Economic and Social Affairs, Population Division. World Population Prospects: The 2015 Revision. (Medium variant)

[図4]社会における若者の割合（日米比較）

世の中のあらゆる仕組みには、その仕組みがうまく機能するであろう根拠になっている「前提」があります。水田には「この地域には雨がよく降る」という前提がありますし、コンビニエンスストアや飲食チェーン店には「アルバイトをそれなりの数で雇用できる」という前提があります。さきほどの「これまでの組織」も、「年長者より若手が多い」という前提が暗に存在しているということになります。ただ、その仕組みがうまく機能するはずの「前提」が変わってしまったとしたらどうでしょうか。その仕組みを疑い、壊し、新たな仕組みにつくり換える必要が生じますが、そのためには「これまでの前提にいかにとらわれないか」と、「新しい前提をいかに正しく認識できているか」という視点が非常に重要になるのだろうと考えられます。先にあげた起業家に代表されるミレニアルズは、その「前提打破力」に非常に優れた存在といえるのではないでしょうか。

もちろん、若者が慣習にとらわれず、新鮮な感覚をもっているということは、なにも今にはじまった話ではありません。しかし、現代の若者には、「社会の若者離れ」に加えてもうひとつ、これまでの時代の若者と大きく異なる点があります。それが「情報革命後の子どもたち」であるということです。

たとえば、平成元年生まれの若者は、1995年に「Windows95」が日本に上陸したときにまだ6歳。その後の目まぐるしいIT革命や、コミュニケーション技術の発展を、10代のときに肌で感じながら、いわゆる青春時代を過ごして社会に出ました。こうした環境で育ったいまの若者を、それまでの若者と比較してひとことで表すならば、「情報革命後の子どもたち」ということになります。その極端なエピソードとしては、最近の幼児は母親のスマートフォンであやされることが当たり前になっているせいか、テレビの画面をフリックできるものだと思って、必死に指でこするという話も聞きます。成長過程の違いがいかに人間の価値観や感性を左右するのかという象徴的な事例だといえるでしょう。

こうしたことからもわかるように、「革命」という言葉の本質は、「これまでの仕組みが成り立たなくなるくらいの、前提の変動」ともとらえられ、たとえば、コミュニティの序列を決めていた要素が、「いかに狩りがうまいか」だったのが、「稲作」の普及をきっかけに、「いかに上手に稲をたくさん実らせることができるか」に変わったのが農業革命ということです。このような、「良し悪しのものさし」が完全にひっくり変えるような「前提」の変動によって、社会も「稲作」に最適化された「仕組み」に変わっていったわけです。

農業革命、産業革命と続き、そして今、世界におとずれているのは「情報革命」です。フリーミアム、シェアリングエコノミー、クラウド、オープンソース、ＩｏＴ…。「情報はタダ」「モノは所有じゃなくてシェアでいい」「仕事はお金のためではなく社会のため」「画一的な幸せ像は存在しない」「国境、人種、年齢は関係ない」など、さまざまな前提の変動が加速し続けていますが、その中心にいる若者たちは決して、「停滞した世の中を打破したい！」といった野心的なマインドによってこのような価値観に至ったわけではなく、生まれ育ってきた人生の「前提」が、最初から従来の前提と異なり、ごくごく自然に生きているだけで、これまでの前提を打破していくポテンシャルになっていると言い換えることもできます。そして、その「新しい前提」から、「新しい仕組み」が徐々に生まれてきているのです。

もちろん日本でも、前述したミレニアルズの起業家たちのように、次世代のプレーヤーによる革新的な成果が出てきていますが、まだまだ少数です。そもそも若者に限らず、日本は「既存の前提を疑い、新しい仕組みを試みる」という行為に対して、寛容ではないのかもしれません。その理由は複合的であり、一言で総括することはできませんが、本書のこれまでの文脈に則って考えると、背景にあるのは次のような仕組みの疲弊であるといえるでしょう。

若者少数社会である日本の組織や大人たちは、
若者の「量の影響力」が少ないことを理由に
〝社会の若者離れ〟に陥っている。
しかしその裏側で、情報革命後の前提を組み込んだ
若者特有の感性やアイデアといった、
「質の影響力」＝前提打破力を
社会や大人側に還元できず、
見過ごしてしまっているおそれがある。

影響力を「可能性」と言い換えるなら、**日本は「若者の可能性を、社会に活かせない仕組み」に陥っているおそれすらあるといえます**［図5］。

アメリカだけでなく、BRICSやVISTAはもちろん、イスラエルなどの国も、非常に革新的なサービスを発明し、グローバルに進出しようとしています。情報革命がもたらした「ボーダーレス化」によって、それらのサービスは日本を消費者として、あるいは競合として見据え、今まで以上にスピード感のある大きな影響を及ぼすといわれています。

若者の「量の影響力」がまだ大きいおかげで、「質の影響力」を社会に自然に還元できているそれらの国に対して、老い行く国、日本は対等に向き合えるのでしょうか。「面倒で話も合わないし、大して数もいない」という理由で、**日本社会が若者離れしているのと同様に、「センスが古くてガラパゴスだし、大して数もいない」という理由で、「世界が日本離れ」していくおそれすらも十分にあると感じます。**現に、国際展開を積極的に仕掛けているサービスが、日本市場の特異性を理由に進出を見合わせたりするケースも増えています。情報革命以後のセンスを正しく仕組みに取り入れられるかどうかは、若者の質の影響力をどのように活かせるかに、大きくかかっているのではないでしょうか。

起業活動率(TEA)：18歳から64歳までの人口に占める、起業活動を行っている者(起業準備中の個人および起業後3年半以内の会社を所有している経営者)の割合のデータ。

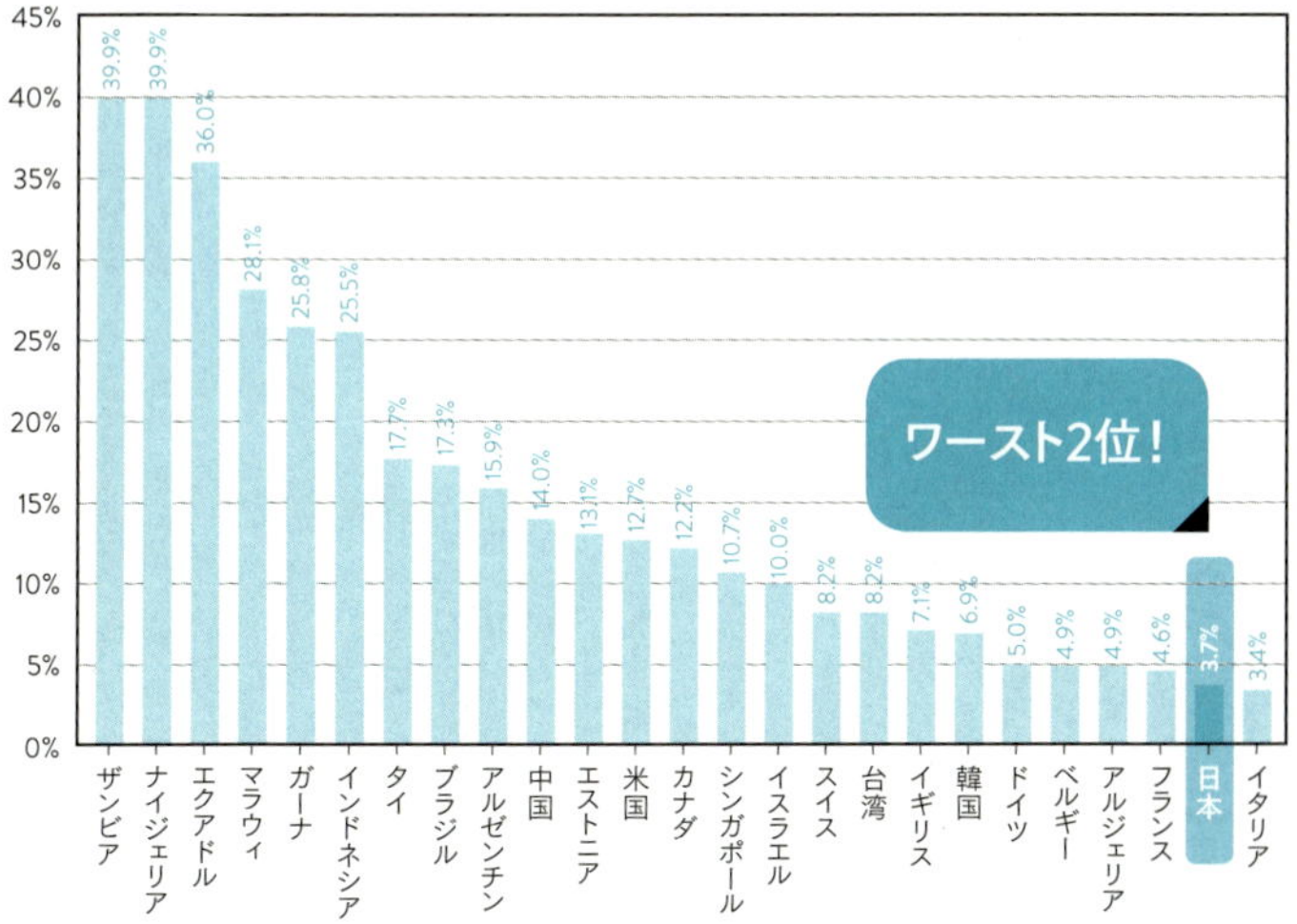

出典：一般財団法人ベンチャーエンタープライズセンター
「平成25年度起業家精神に関する調査（GEM）」（一部抜粋）

[図5]各国の起業率

1-2

だからこそ、まずは「対話」から

もちろん、すべての若者が、情報革命後のセンスを前提に先進的なアイデアをポンポンと出せるというわけではありません。当然ながら、さまざまな若者がいます。彼らの特性や、その感じ方・考え方の背景、それにどのように向き合うのがよいのか、ひとつの大事なポイントが、少なくとも大人側が「対話できる心構え」をもつ、ということではないでしょうか。そしてそれは「一対一で若者とふつうの会話ができるか」といった、身近な日常の、若者との対話の延長線上にあると考えています。

前提の激変により、仕組みを変えないといけない状況に、社会や組織が直面しつつある今、大人は、若者を「理解できない、よくわからない世代」として攻撃したり無視したりするのではなく、むしろ「量の影響力では目立たないからこそ、質の影響力に耳を澄ます」ことが求められています。それは、大人自身が属する社会や組織を未来に向けて刷新するため

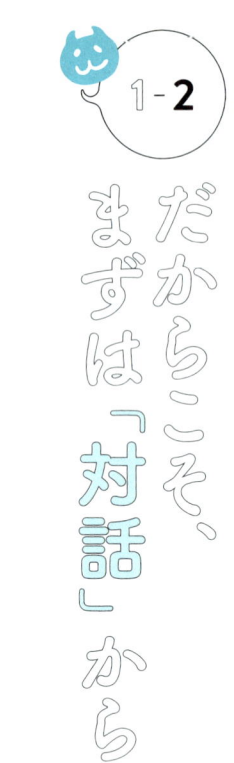

に必要であるのはもちろん、マーケティングやプランニングなどのビジネスにおいても、徐々に通用しなくなりつつあるこれまでの仕組みを乗り越えて、成果を出せるか否かの分岐点なのかもしれません。

通訳マインドで、違いを乗り越える

では、どのように若者と対話すれば、自ら若者離れをせずに、彼らの前提打破力を引き出すことができるのでしょうか。具体的な方法やその根拠についてはこの後の章に譲るとして、ここでは基本マインドについてだけ触れておきます。

世の中にあまたある若者論や、対若者マーケティング論が見落としがちな大きな落とし穴が、「結局、大人の論理」で組み立てられているものが多いということです。当然のことですが、若者攻略マーケティングに従事するほとんどの人が大人であり、権限と年齢が比例するベーシックな組織であれば、その戦略や施策案を上申する相手も、さらに大人であることがほとんどだと想定されます。すると、起きやすい現象として、若者の話をしているはずなのに、「おじさんにわかりやすいように」段々と内容が歪曲されていくということが起きます。気づいたら、「おじさんによるおじさんのための、おじさんがわかりやすい若者論」という、若者本人不在の議論に陥ってしまう危険すらあります。**「若者の実態がこうなっています」という説明事態がすでにリアルではなく、それこそ「若者論の若者離れ」ともいえる状態です。**したがって、若者との対話を本気で考えるには、まずは安易に自分の若いころの思い出や感覚と重ねずに「自分とは違う、という前提で向き合う」ことが大切です。なまじ、すべての大人は〝若者〟を経験したことがあるので、この点はかなり意識しないと混ぜこぜにしてしまいがちなポイントです。

違いを理解したうえでどのように対話するのか。なかには「違うことを認めたうえで、完全に権限移譲する」という立場をとる大人もいます。下手にわかり合おうとすること自体が若者の良さを妨げるので干渉しないという考え方は一理ありますが、若者を相当に信頼し、権限を預け切る胆力がないとなかなかできません。そもそも、組織のなかでなんらかの決定権をもつ人以外にとっては、このやり方は無理な話です。**そこでワカモンが薦めるのが「通訳マインド」です。**

通訳という職業の方は、まず両方の言語を理解しています。ふたつの言語を混同することなく「どう違うのか」をちゃんと理解したうえで、言葉の意味のどこが符号する関係にあるのかを整理し、さらにその言語の文化的背景や慣習の違いも鑑みて、適した言葉を選びお互いの対話を成立させてくれます。たとえば、日本では親指と人差し指でつくるOKサインのジェスチャーも、フランスでは「価値がゼロ」という侮辱の意味に変わってしまいます。通訳は、自国の文化慣習の上に成り立っている人々の「常識」に、相手方を当てはめてしまう危険性も重々に理解しているわけです。

違いを理解したうえで、わかり合えるポイントで対話を成立させるという通訳のマインドは、大人が若者と向き合うときにも非常に有用です。外国人と日本人くらい違いが明白であれば、話すときにいや応なく違いを前提にするはずですが、日本人の大人と若者だと言語も一緒ですし、大人も「かつての若者」であるという意識から、〝同じであるという錯覚〟で接してしまいがちです。だからこそ、通訳マインドが対話の鍵になるのです。

若者の「こころの氷山」を理解する

1章の最後として、若者心理の基本構造を、本書の読み方と合わせて説明したいと思います。まず、若者のこころを一言で表すならば「氷山」のようであるといえます。たとえば、こんな経験はないでしょうか？　知っている若者の流行り言葉が会話に出てきたので、一緒に使って盛り上がろうと思ったら、「イタイ」「わかってない」と言われてしまった…。若者のトレンドや流行り言葉をいくらリサーチしたところで、それは表層的な部分に触れているに過ぎないため、こうしたすれ違いが起こるといえます。

大人にも見える場所でとる行動・発言にいたるまでに、若者は無意識のうちに［図6］のような3つの心理ステップを踏んでいます。海の上に出ている氷山のように、実際に見えるのは③の「現象」だけであり、それが彼らの心の中でなにを意味しているのかは、その現象を見ているだけではわからないということです。

こころの氷山がその海面の下でどうなっているのか、そこを理解しようというマインドがもてるかどうかだけでも、若者からするとかなり違った大人に見えるのだろうと、実際、大人のひとりとして若者のみなさんと接していて、私たちワカモンも感じていることです。

[図6]若者のこころの氷山

こうした考え方を踏まえて、本書はこの「こころの氷山」に基づいて構成されています。本章では、「そもそもなぜ若者と関わらないといけないのか」を、社会や大人の目線で解説しました。次章からはいったん「若者の目線」になって、若者の今を見ていきます。

2章　現象＝実際、若者は何をしているのか
3章　環境要因＝どうしてそういう若者が出てきたのか
4章　本質的欲求＝結局、若者はどうしたいのか

こころの氷山を、海面近くから徐々に深海に潜っていくイメージです。そして、最後の5章では、また「大人の目線」に戻ります。若者の未知なる行為行動や感性を、「前提打破力」に通訳するためには、具体的にどのように対話していけばよいのか、実際に私たちワカモンが手掛けたプランニングの事例も交えて説明します。

彼らのこころの深海まで、丁寧にじっくり、潜っていきましょう！

ここだけ読めばざっくりわかる！

1章のまとめ

●本来、若者には「量の影響力」と「質の影響力」がある。

●しかし、いまの日本の若者少数社会は、「量の影響力」が少ないことを理由に、「社会の若者離れ」を起こしている。

●社会が見過ごしている若者の「質の影響力」の最たるものが、情報革命後の子どもたち特有の「前提打破力」である。

●若者の可能性を最大限活かすために、大人は対話できるための「通訳のマインド」をもつことが重要。それが彼らの「こころの氷山」を理解する第一歩になる。

あなたの若者離れ度をチェック！

10個のチェック項目の中から、当てはまる項目にチェックを付けてください。あなたの若者離れ度が測れます！

- □ 1　部下や後輩と話していると「これだからイマドキの若者は～」と説教をしてしまう／したくなる
- □ 2　部下や後輩への指示は「理由はいいから、とにかくやれ！」でいいと思う
- □ 3　若い人と話している時の口癖は、「俺／私がそのくらいのときは～」である
- □ 4　若い人の話を聞いていると「俺／私だって若ければ」と思う
- □ 5　自分の子供や部下の話している言葉を聞くと、日本の将来が不安になる
- □ 6　若者が大人に気を遣うのは目上の者に対する礼儀だが、大人が若者に気を遣うのは意味がわからない
- □ 7　若い人の話を聞くと、「結婚もしたくないし、欲しいものもない」と思えて、何が楽しくて日々生活してるのかわからない
- □ 8　後輩や部下、自分より若い人に頼るのは年長者として恥ずかしい
- □ 9　どんなに熱く後輩や部下を指導しても、何も響かない
- □ 10　実は、若者との付き合い方に自信がない

チェック0～3個
若者離れレベル　低

基本的に若者を理解し、若者的感性をもっているあなた。たまに少しだけ気になることもあるけれど、若者とのコミュニケーションに支障はなさそうです。

チェック4～7個
若者離れレベル　中

かなり若者に対する距離感があるあなた。コミュニケーションをしていても“いまのはどういう意味だ？”なんて気になって支障が出ているのでは？

チェック8個以上
若者離れレベル　高

若者離れしてしまっているあなた。仕事場や家庭、さまざまな場所で若者とのコミュニケーションが上手くいっていないかも。今のマインドではズレが生まれてしまっても無理はありません。

2章

若者の考察

――若者まるわかりクラスター

2-1

若者たちを徹底分析！

十人十色の若者たち

みなさんがイメージする「若者」とはどんな人でしょうか。「スマホを卒なく使いこなし、なんでもすぐ調べてしまう」「自分の彼氏や彼女との恋愛模様をSNSにアップしている」「何事にも消極的で、なにを考えているかとらえにくい」など、人によって想起するイメージは異なると思います。

本書でも「若者」や「大人」という言葉を使っていますが、もともと世代を大まかに表す言葉ですから、すべての人に共通する絶対的なイメージなどはあり得ません。しかし、私たちは「若者」という言葉に含まれる多様性を忘れ、ついつい「最近の若者は…」と、ひとくくりにして語ってしまいがちで、しばしば偏ったイメージを前提に議論しているということが起こります。これは、若者が「大人」を語るときにも同様のことがいえます。

そして、もともと多様である若者像をさらに多様化させているのが現代です。今の若者は、当たり前のようにSNSに触れ、これまでとはまったく違うメディアとの接し方を身につけています。彼らの歩んできた人生の社会的な背景については3章で詳しく解説しますが、「人生の幸せはこうあるべきだ」といったステレオタイプな解答のようなものもなく、生き方の選択肢もとても多いといえます。従来の若者のあり方と比較したとき、輪をかけて多様化した存在なのです。

そんな彼らを知る鍵は「コミュニケーション」です。コミュニケーションには、彼らの生活の中心に位置するSNSや、その他のメディアに対する接触態度や価値観、さらには日常生活や家族・友人との付き合い方なども含んでいます。ワカモンでは、多様な若者の全体像をとらえるため、「コミュニケーションで見た若者まるわかりクラスター」（以下、「まるわかりクラスター」）と題してオリジナルの分類を行いました。

本章では、まるわかりクラスターを通じて、いまだかつてない多様性をもつ若者の輪郭を掴んでいき、さらに、現在みなさんの目に見えている実際の若者の姿や行動についても触れていきます。

コミュニケーションで見た 若者まるわかりクラスター

1 自己プロデュースキャラ

2 SNSめだちたがり

3 超リア充

4 みんなのムードメーカー

5 マイペースキャラ

分析概要
d-campデータを元に因子分析、クラスター分析を実施した。
使用データ：d-camp2012（調査実施期間：2012/10〜2013/07）
調査エリア：関東1都6県
分析対象：中学生を除く15歳〜29歳男女（1163ss）
調査方法：アンケート用紙による郵送留置法

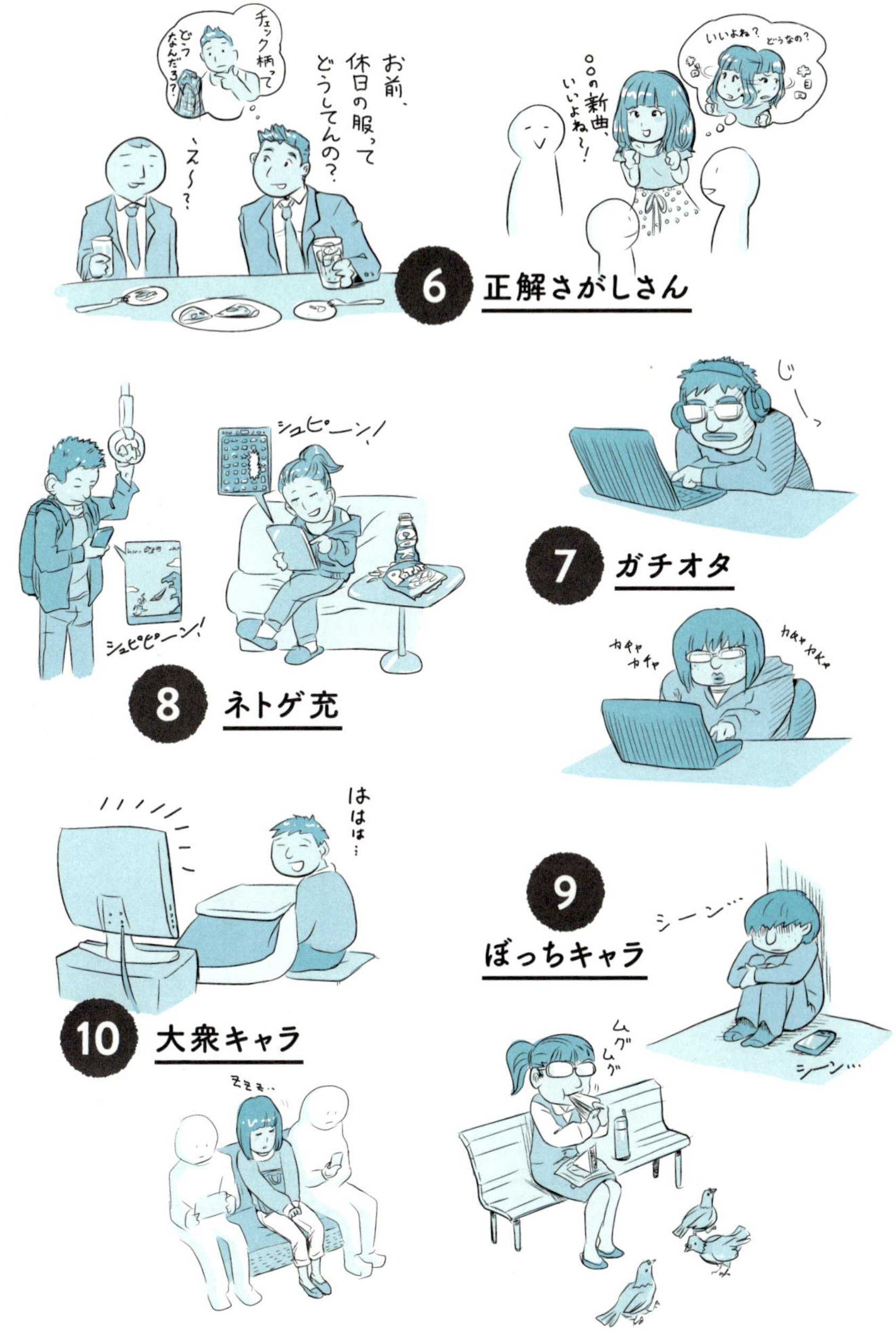
お前、休日の服ってどうしてんの？
チェック柄ってどうなんだろ？
え〜？
○○の新曲、いいよね〜！
いいよね？
どうなの？
6 正解さがしさん
ジーッ
7 ガチオタ
シュピーン！
シュピピーン！
8 ネトゲ充
カチャカチャ
カチャカチャカチャ
ははは…
9 ぼっちキャラ
シーン…
シーン…
10 大衆キャラ
ムグムグ

ネットに賭けてる
自己プロデュースキャラ

最初に紹介するのは〝自己プロデュースキャラ〟。その名にもあるとおり、彼らは**自らをプロデュースして〝自分〟というブランドを発信していく、上昇志向の強い人たち**です。

ブログやSNSというメディアが生まれ、誰でも気軽に意見を発信することができる現代。それらのメディアを使っていかにうまく自分自身を発信していくかが自分の価値を上げる手段であり、彼らはそういったことに貪欲な人たちです。自身でブログを立ち上げている人が多いことも特徴のひとつといえます。

有名になりたいという意識を強くもっているため、たとえば有名人などと一緒にいる場面をあえてSNSに投稿するなどの傾向もあります。また、「自分の発言が周囲にどう受け止められているか」に対しても神経を使っており、一方的に自分の主張を繰り返すだけではない、ある種のバランス感覚ももっています。

「発信する意欲」と「見られている意識」の両方を保有しながら、自分自身のブランディングツールとしてSNSやネットを活用する、時代を象徴する若者だといえるでしょう。

自己プロデュースキャラの特徴とは？

- 毎日ブログを書いている
- 基本的にどこかに行くとFacebookでチェックインをする
- だれかと会った話を言葉で書き込むだけでなく、写真も添えて発信する
- 自ら発信を行うので、タグ付けをされるよりも、タグ付けをすることのほうが多い
- ＳＮＳでつながっている人の数が多い。広く浅く、うまくＳＮＳを活用して人付き合いをしている
- 人から見られている意識が強いので、写真ひとつとってもこだわりがある

ブログ
今日の勉強会（@六本木ｗ）
メンツやばいです。
あの、〇〇〇〇さん、キターーー！

まとめたいシェアしたい

SNSめだちたがり

このクラスターのいちばんの特徴は、**TwitterやFacebook上で、ジャンルを問わず、さまざまな情報をシェアやRT（リツイート）しながら発信している**ということころです。発信する情報は、実際に自分が体験したことだけでなく、ネット上で見つけたおもしろネタや情報など多種多様ですが、必ずしも自らの体験を発信することにこだわっているわけではありません。

また、他の人がまだ知らないであろう新しい情報を発見して伝えることを楽しんでおり、情報発信する際に自分の意見をあまり重ねないことも大きな特徴といえます。**自らの意見を発信することよりも、新しい情報を発見して伝えることに重きが置かれており、編集者的な気質**も垣間見られます。

世の中に存在する情報をうまく収集し、だれよりも早く自らのコミュニティに共有することが得意な彼らは、〝編集者気質の高いプチキュレーター〟ということができます。

SNSめだちたがりの特徴とは？

- シェアやRTは頻繁に行うが、コメントはほとんどつけない
- 情報拡散の際は中立性を意識している
- SNS上で発信した内容について反応があると喜ぶ
- 「いいね！」をされている数などを意識する
- 日頃の生活のなかでも、ネタ探しを欠かさない

誰もがうらやむ
超リア充

リア充とは、「リアルが充実している」という意味のネットスラング[2]です。２００７年に流行し、2ちゃんねるや「Twitter」などを通して、またたく間に若者たちへ広がっていきました。現在では一般化した印象がありますが、厳密な定義がなされているわけではなく、実際に会話のなかで使っている若者ですら、曖昧な部分があるようです。

若者たちは、自分がリア充かどうかを冗談交じりに定義し合います。そのなかでリア充と認定される人たちは、決して多くはありません。数少ないリア充のなかの、選ばれしリア充たち…。クラスターの名前に〝超リア充〟という言葉を使っているのは、このクラスターに該当する人たちがリア充のなかでも〝本当の人気者たち〟を指しているからです。

現代だけではなく、いつの時代もクラスや学年に1～2人ほど存在する、本当の人気者たち。**ただのリア充ではなく、〝超〟が付くほどの存在。**

2 ネットスラング

インターネット・スラングの略。インターネット上で生まれた言葉を指し、インターネット上を中心に使用される。とくにTwitterなどのSNSや匿名掲示板で使われている言葉。近年はネットスラングが一般化しており、日常生活で使用されるものも増えている。

彼らは見た目的にも精神的にも充実しており、非の打ち所がない全部の素養をもったカリスマ的な人たちだといえます。この層に該当する人たちは、ＳＮＳが発達したいまの時代においても、自分から周囲を追いかけるのではなく、まわりからフォローされ、注目される人たちです。自分のリズムで日々を過ごしながら、他人から影響されることはなく、知らず知らずのうちに自分が周囲に影響を及ぼしていくタイプです。

超リア充の特徴とは？

- ＳＮＳなどで、自分から友だち申請をする前に友だちから申請される
- 友人と写っている写真は、自分で発信するよりも、ほかの人からタグ付けされ、発信されることが多い
- 外見も整っており、美男美女であることが多い
- 他人から影響されず、自分のセンスで物を選んでいる
- ＳＮＳや口コミはあまり信じていない
- ネット上で見られる情報のシェアなどはしない

リアルが大切

みんなのムードメーカー

ムードメーカーと呼ばれる人は、**その人がいるだけで場が盛り上がってしまうような、高いコミュニケーション能力をもっています**。また、たいていの場合、たくさんの友人に囲まれ、その中心に位置している点も特徴です。

現代社会では、SNSを使いこなして情報を収集し、自ら発信していく若者が目につきますが、いまの若者のなかにも「リアル」を大事にする人たちが存在しています。まさにこのクラスターこそ、「リアルに会う・話す・行く」といった実体験が大事だと考えている人たちです。

彼らは、SNSで完結する情報発信よりも「会って話して伝える」ことを好みます。話のネタのために情報やメディアと接触する人もいますが、基本的に自分で体験したことから得た情報や意見を伝える傾向があり、**ネットよりも現実のリアルな場での影響力や情報拡散力をもっている人たち**だといえます。

ムードメーカーの特徴とは？

- グループを盛り上げる、ムードメーカー的存在
- 話が豊富で会話の主導権をもつことが多い
- 友だちが多い
- コミュニケーション能力が高い
- 空気が読める
- 何でもネタに変えて話ができる
- 行動力があり、興味があることには実際に体験する

ネットで〝いつメン〟
マイペースキャラ

タイトルを見て、「いつメンってどういう意味？」と思われた方も多いかもしれません。いつメンとは、〝いつものメンバー〟の略称です。このクラスターは、**慣れ親しんだ特定のメンバー（いつメン）と一緒に過ごすことを好み、無理に交友範囲を広げるのではなく、狭く深い関係を築く傾向の強い人たち**です。彼らはLINEやTwitterなどをよく利用しますが、基本的にはアカウントに鍵をかけています。現実世界でつながっている〝リアルな知り合い〟に限定した付き合いをもとうとするところが特徴です。

アカウントに鍵をかけることなく、ネット上の付き合いを広げていく若者が多いなかで、本当につながっている、限定された友人との関係を大事にします。情報感度も高いのですが、不特定多数への拡散ではなく、身近な存在への共有意欲が高めで、**スモールコミュニティのなかにおける情報源となっていることが多いタイプ**といってよいでしょう。

マイペースキャラの特徴とは？

- LINEの利用頻度が高い
- 地元・学校・バイト先・仕事場など、多くの所属コミュニティをもっている
- 深い人間関係をつくることを大事に思っている
- 不特定多数の人とつながりたいと思っていない
- ＳＮＳのアカウントには鍵がかかっている
- ネットなどで見つけたおもしろい情報は共有したい
- 穏やかな性格で、人と争うことを好まない

ひとりが不安な

正解さがしさん

自分の意見を言いつつも、実は自分の意見が正しいのかどうか、不安で不安でたまらない…。**ついつい周囲の人たちの顔色をうかがいながら話をしてしまう**、それが〝正解さがしさん〟です。

一見、情報感度が高く、さまざまなことに興味をもっているように見えるのですが、心のなかでは「相手からどう思われているか」を気にしてしまう一面もあります。また、情報の選別に自信がもてず、大量の情報に振り回され疲れてしまっている様子も見受けられます。結局いちばん安全な公式の情報や、間違いのないと思われる情報を信じてしまう、**いわば、安定志向の堅実派タイプ**です。世の中的にマスとされている、ど真ん中の（つまり失敗のない）ものに安心感を覚える傾向が強いといえます。人とかぶることが嫌いではなく、それすらも安心だと感じることが多い人たちです。

正解さがしさんの特徴とは?

- 自分の意見に自信がない
- その場から浮かないか気にしている
- 人と同じ答えや考えだと安心する
- 大勢の人が参加する場所には積極的に参加する
- テレビが大好き
- ネットやSNSを活用した情報収集はするが、シェアなどはしない
- 承認欲求が強く、自分を認めてもらいたい意識が強い

我が道をいく
ガチオタ

ガチオタとは、いわゆる〝ガチ（本気）なオタク〟のこと。ここで指しているガチオタは、**ネットにどっぷりと浸かっており、Youtubeやニコニコ動画、2ちゃんねるなどの利用率が非常に高い、本気のオタク**といわれている人たちです。

近年、メディアなどでよく取り上げられている、明るく社交的な趣味人ではなく、〝偏った本気〟をもっているところがポイント。**人付き合いはあまり好まず、ひとりの世界観をとても大事にしています。**

ネット上での情報収集も積極的に行いますが、自分の興味がある領域に特化しており、特に拡散を行うことはありません。よって、たいていの場合は自己完結してしまいます。

おもな興味対象領域は、アニメ、マンガ、ゲームなど。他者とのコミュニケーションや共有に、重きをおいていない層といえます。

ガチオタの特徴とは？

- PC依存度が高い
- 動画サイトやネット掲示板の利用率が非常に高い
- 意志をもって他者とのコミュニケーションを行わない
- 人との付き合いに否定的
- 自分の興味領域に対する関心がとことん高い

見た目は平熱
ネトゲ充

ネトゲ充の彼らは、**テレビゲームやモバイルゲーム（オンラインゲーム、スマホゲーム）の世界を通じて他者とつながっているインドア志向の人たち**です。あまり人と会話をしていなかったり、コミュニケーションを取ることが得意ではなかったり、なにを考えているかわかりにくかったりと、リアルなつながりには興味がありません。しかし、バーチャルなコミュニケーションは得意で、おもにスマホのソーシャルゲームを通して、世界中の人たちとゲームや会話を楽しんでいます。

興味分野がゲームに偏っていて、たとえば着るものや食べるものといった、その他の分野に対する関心は薄めです。性格的にも受け身であり、トレンドのようなものに対しての反応もよくありません。しかし、テレビのながら見や、つぶやき視聴[3]は行っているようです。意志をもって見ているというよりも、ついているテレビには反応する、といった特徴が見られます。

3 つぶやき視聴

TwitterやLINEを利用しながらテレビを視聴すること。TwitterやLINEで交わされる内容は必ずしも視聴しているテレビの話題に限らないが、同じ空間に存在しない他者とのコミュニケーションの傍らでテレビを見ている状態。

ネトゲ充の特徴とは?

- 洋服に対するこだわりがない
- インスタント食品・レンジ食品など簡単なもので食事を終わらせる
- リアルなコミュニケーションが苦手、という意識をもっている
- モバイルゲームが好き
- ネットゲームの世界などでは友だちがたくさんいる
- リアルな世界よりも、ネット世界でのほうが自己表現をしやすい
- テレビはながら見をしていることが多い

何にもやらない
ぼっちキャラ

ぼっちとは、ひとりぼっちの略称です。若者の間では、ひとりで過ごすことが多い人や、あまり特徴がなく、クラスなどの集団内で孤立しがちな人に対して〝ぼっち〟という表現を使っており、**このぼっちキャラとはつまり、すべてのものごとに低関心な人たちを指しています。**

彼らは情報をシェアするしない以前に、人間関係が希薄です。さまざまな情報に関してもほとんど興味がなく、情報交換もほとんどしません。**自己完結型で、SNSの利用率も低く、全方位的に他者との関わりをもっていない人たち**といえます。

ぼっちキャラの特徴とは？

- テレビは見ている
- SNSの利用者もいるが、友だちなどのつながりは少なめ
- 自ら情報検索することが、そもそもあまりない
- 消費行動は活発ではないが、自由に使えるお金の平均額が高い

ネットは苦手な大衆キャラ

大衆キャラの彼らは、いたって〝普通〟の人たちです。いまどきの若者全員がなにか特殊で特徴があるということはなく、もちろん普通の人たちも存在しているのです。こうした〝普通〟をみていくことで、今の若者がわかってきます。

このクラスターの人たちは、テレビも見ているし、LINEも活用しています。Facebookの利用率も高く、テレビのような従来のメディアとSNS、両方を使いながら生活しています。一方で、インターネット上でのつながりに苦手意識ももっており、自分で見つけた情報などをシェアすることは少なめです。情報検索やネット活用という側面において、自分があまり長けていないという意識をもっている人が多いといえます。これらの特徴から、**SNSやネットが生活の中心になっているわけではなく、最低限の範囲で活用している**ことがわかります。

大衆キャラの特徴とは？

- 比較的テレビを見ている
- ネットで情報検索はするが、それを拡散したりはしない傍観者タイプ
- ネットで見つけた情報はどちらかというとリアルな場で話したい
- 情報検索能力などには自信がない（使いこなせていると思っていない）
- 買い物などの場面で、人からのアドバイスを求めがち

2-2

“見られている”に規定される若者行動

ここまで10タイプのクラスターについて見てきましたが、いかがでしょうか。ご自身の実感として理解できるクラスターもあれば、まったくイメージができなかったクラスターもあったのではないかと思います。ここからは各クラスターの特徴についてさらに掘り下げ、その関係性、立ち位置について見ていきます。

［図1］はコミュニケーションの角度から構成したクラスターを、「情報Search」と「情報Share」という軸でマッピングしたものです。私たちが生活する現在は、「情報洪水の中を泳いでいる」といってよいほどの情報に囲まれています。**情報に対する行動（Search）や意識（Share）を軸とすることで、各クラスターがどのような存在なのかをより理解することができます。**

情報Search軸

「何かを購入する前に定期的にあるいは時々、他の人にアドバイスを求める」または「何かを購入する前に定期的にあるいは時々、ネットの掲示板やブログの意見を参考にする」

情報Share軸

「自分が使って良いと思った商品は、人に教えたり、ネットで発言したりする」

＊バブルの大きさ（バブル内のスコア）は出現率を表す

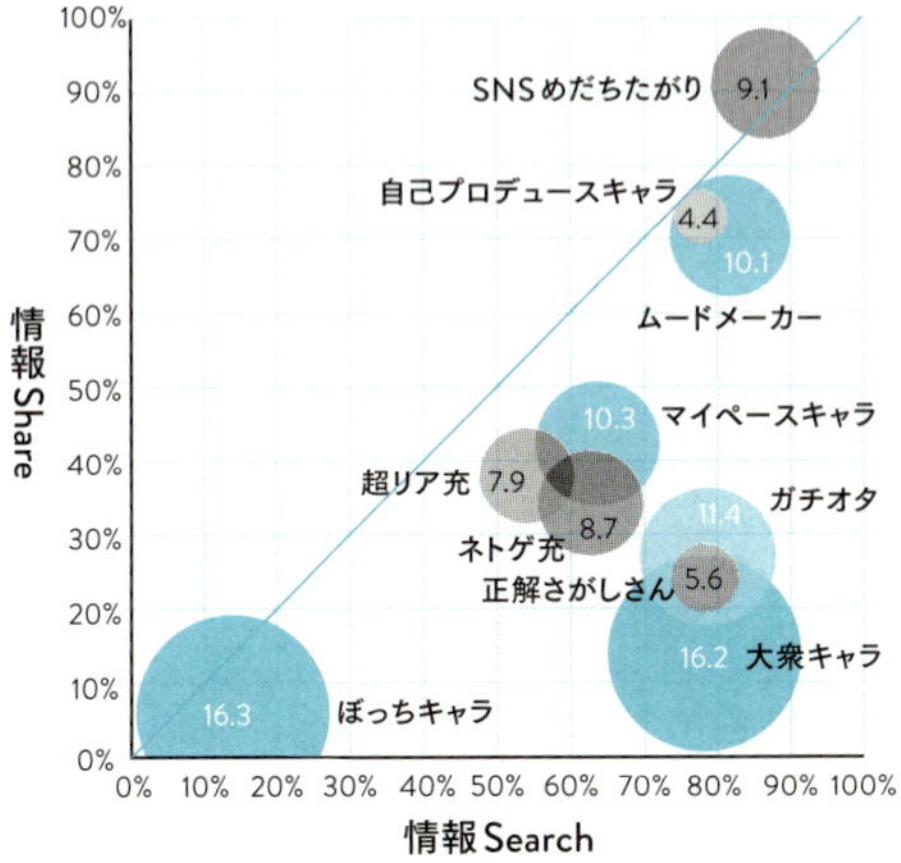

［図1］クラスターポジションMAP

SearchとShareともに反応が弱い「ぼっちキャラ」を除くすべてのクラスターが、Searchにおいては50％以上の値を示しているのに対し、Shareで50％を超えるのは、「ムードメーカー」「自己プロデュースキャラ」「SNSめだちたがり」の3つのみです。

つまり、SearchとShare双方の度合いが高いこの3つのクラスターが、現代を象徴するクラスターであるといえます。ただし、「自己プロデュースキャラ」と「SNSめだちたがり」はネット（SNS）、「ムードメーカー」はリアルを大切にするという違いがあり、現代を象徴するという意味合いにおいては、「自己プロデュースキャラ」と「SNSめだちたがり」の2つのクラスターこそ、従来の若者がもっていなかった特徴が顕著に現れており、「SNSを通じた発信（自己表現）を行う」「他者が見ている自分のイメージを想像し、そこから逆算をした振る舞いができる」という点において共通しています。つまり、**〝見られている意識〟によって行動が規定されている**ということです。

違いは「自分を前面に出す」か「空気を読む」か

自分の価値を上げて有名になりたい「自己プロデュースキャラ」と、編集者気質の高いプチキュレーターである「SNSめだちたがり」は、SNSを駆使して情報発信を行うという点では似ていますが、その表現の仕方については大きく異なります。

まずは、「自己プロデュースキャラ」を見てみましょう。自己プロデュースキャラの最大の特徴は、「発信した情報に対する周囲の反応には非常に敏感だが、自分が情報を発信する際、周囲の目線を気にして発信の主張を抑える感覚が弱い」という部分だといえます。これは、見られている意識が、抑制ではなく発信方法の分析に向いているということを意味します。

彼らが好むのは単なる情報のシェアではなく、「自分の日常のようすをネットやSNSに投稿し、友人や知人と共有すること」です。自らの発信によって見知らぬ人とつながっていくことに喜びを感じる傾向があり、とにかく〝自分〟というキャラクターを情報の中心に据えたがります。**自らの生活を発信することによって自分の感性や趣向、行動などが評価され、価値が上がっていくことを望み、そのためにアクションを起こしていく**のです。また、発信する際の文章の書き方や言い回し、写真の撮り方や全体的な記事（もしくは投稿）の見せ方に対する工夫も行っています。

一方の「SNSめだちたがり」は、なにか情報を発信するとき、自分のコメントをほとんど付けずにシェアするのが大きな特徴です。自分がその情報を見つけてどう思ったか？　自分としての解釈はどうか？　そういったコメントをあえて付けない彼らの意識には、「みんなが知らない情報を知っている自分をアピールしたいけど、あからさまにやりすぎてイタいと思われるのも嫌だ」といった、**空気を読みつつ適度に自分をアピールしたい**という意思が潜んでいます。

なぜ、そのように遠回りな手法を使うのでしょうか？　それは、「他人からよく思われたい、目立ちたい」という強い思いと、その思いを色濃く出しすぎることのリスク感覚を同時にもっているからです。ワカモンが実施した「若者まるわかり調査2015」（2015年2月実施、東阪名15－29歳男女 N＝3000）でも、70％以上の若者が「他人から自分がどう思われているか気になる」と答えています。〝空気を読む〟というのは近年定着した若者行動のひとつですが、**SNS上でも、空気を読む現象が起きている**のです。

また、コメントなしでシェアをするという行動は、「自分がシェアしている情報は、自分としてはすでに知っていたできごとなので、驚くようなことではない（だから特別コメントなどもない）」というアピールにもなっています。とくに激しくアピールをしているわけではなく、いわゆる〝ドヤ感〟を醸し出しているだけなので、直接的に周囲から批判されることがない構造になっているわけです。

これらふたつのクラスターは、前述のとおり「SNSを通じた発信（自己表現）を行う」「見られている意識が強い」という共通した特徴をもっています。ところがその表出は、まったくといっていいほど異なっています。一方は自分の行動に対する周囲の批判的目線は気にせず、自らをよく見せること（周囲から良い評価を得ること）に力を注いでおり、もう一方は、自分をよく見せたいと思いつつも周囲の目線を気にして、バランスの良い見せ方を追求しています。

SNSは、いまやだれもが活用するツールへと進化しました。限られた人だけが使う特別なものではなくなり、当たり前のインフラとして定着したといってよいでしょう。また、**SNSのインフラ化により、自らの発信内容が他者にどう映るのか常に把握することができる**ようにもなりました。こうした環境の変化によって、若者たちに、自然と〝見られている意識〟が身についたものと想像できます。

現代の若者を象徴する2つのクラスターの特徴は、実は、ほかのクラスターにも見え隠れしています。それぞれのクラスターの行動を日常生活レベルで観察してみると、ほぼすべてのクラスターに、SNSによって形づくられた意識が見て取れるのです。SNS、そして見られている意識は、今の時代を生きる彼らとは、切り離せないものになっているといえるでしょう。

2-3

SNSの投稿から見る若者の特徴行動

「いまの若者は何でもSNSに上げる」と感じたことはないでしょうか。その日食べた食事、手料理の写真、ホームパーティ、ピクニックや旅先の景色、恋人との写真、自撮りなど、大人からすると何気ない写真を投稿しているようにも見えます。しかし、そこには若者ならではの気持ちや心理が隠されているのです。

ここからは、実際に若者たちがSNSに投稿している写真や書込みを取り上げながら、現代の若者の意識に潜む欲求や、繊細な気持ちの表れ方について、具体的に説明していきたいと思います。とくにSNSコミュニケーションに特徴があらわれる「自己プロデュースキャラ」「SNSめだちたがり」「超リア充」「マイペースキャラ」「ムードメーカー」「正解さがしさん」の6つのクラスターに焦点を当てていきます。

なお、そもそも他人に興味をもたず、コミュニケーションそのものが少ない「ぼっちキャラ」や「ガチオタ」、ネットゲーム上でのコミュニケーションが中心でオープンなSNS投稿を行わない「ネトゲ充」、特筆する特徴をもたないことが特徴の「大衆キャラ」、これら4つのクラスターは登場しません。

また、5つの事例を取り上げますが、ひとつの事例に、ひとつのクラスターだけが写っているわけではありません。たとえるなら、仲良しグループのなかにもキャラクターに違いがあって、仕切るリーダータイプもいれば、リーダーについていくフォロワータイプもいるように、写真の中にも多様なクラスターが同居しています。象徴的なキャラクターに関して触れながら、他にどのようなクラスターが写っているのか解説していきます。

アピールレベルをコントロールする若者

最初に登場するのは、クリスマスのとある女子会の模様を切り取ったものです。この写真からわかるのは、**外から見られていることを意識して、アピールレベルの温度感をコントロールしている姿**です。

au 4G
8:34 PM
94%
PHOTO
3週間前
いいね！53件
写真ぜんぶブレすぎ
#ロンドンバス
なにこれ混ざりたいちょー混ざりたい

写真やコメントから、次のことが読み取れます。

- 全員クリスマスのコスプレをしている（おそろい）
- 室内のように見えるがロンドンバスに乗っている
- 手前右の女性が自撮りをしている
- コメントはクリスマスには触れず写真のブレについてだけ
- よく見るとハッシュタグで「ロンドンバス」とだけ付いている

これだけフォトジェニックなイベントを行って楽しんでいるようすを投稿するのであれば、「女子でロンドンバスクリスマス！ 超楽しい！」といったように、もう少しいろいろと書いてもよいはずです。しかし、「写真ブレすぎ」とコメントを添えているのみで、そこからは過度なアピールを避けていることが想像できます。また、あえてブレている写真を載せることで、ばっちりキメた写真を載せるよりも、アピールの印象度を落としていることも考えられます。もしくは、あえて多くを語らないことで「特別に見えるイベントを日常の一部として普通に楽しんでいる自分」をブランディングしている可能性もあります。

いずれにせよ、大勢の女子がおそろいでコスチュームを合わせ、ロンドンバスに乗っているような華やかなイベントですから、楽しさを見せたい、少し自慢したい、といった気持ちから発信していることは確かです。しかし、それを直接的に発信するのではなく、このような形で見せているということは、何らかの意識が働いているといえるでしょう（この意識の正体は４章で詳しく触れていきます）。

この写真を投稿した女子は、「ＳＮＳめだちたがり」的な行動の要素が強いといえます。また、イベントの参加者には、「超リア充」のように、とくに気張らず自然にこういったイベントに参加する人もいれば、「正解探しさん」のようにフォロワー的に参加している人もいると考えられます。

次の事例をみてみましょう。一見しただけでは、ただネックレスの写真を投稿しただけのようにも見えます。しかし、ネックレスは箱に入った状態で、まるで展示するかのようにこだわった構図であることがわかります。さらに、投稿のコメントをよく読んでみると、彼氏からプレゼントされたネックレスの写真であることがわかります。

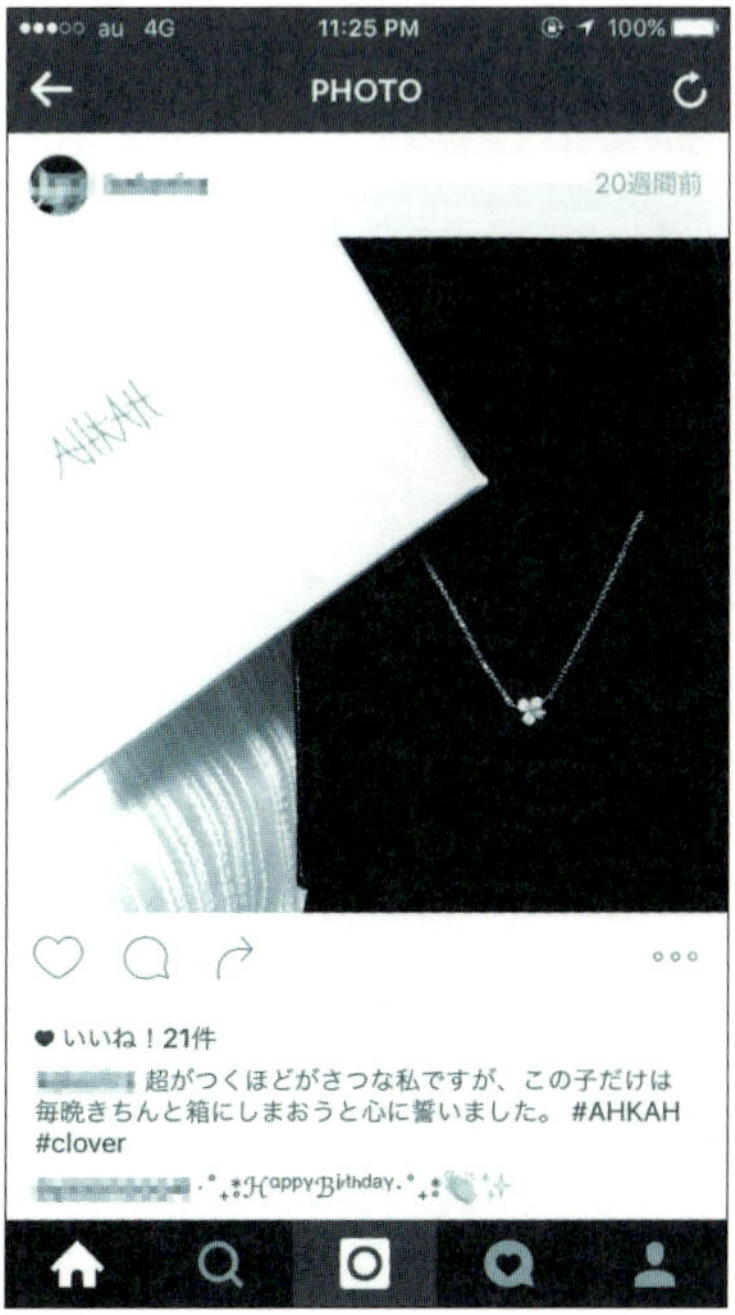

この投稿の特徴は次の4点です。

- 写真だけを見ると内容がわからない
- コメントまで読んではじめて、彼氏からのプレゼントであることがわかる
- 「ありがとう」といった直接的な表現ではない形で、彼氏へ感謝を伝えている
- SNS上でさりげなくのろけている

続けてもう1枚見てみましょう。この写真も人物は写っていませんが、中央に誕生日ケーキとふたつのグラスが写っているのがわかります。奥には高級な銘柄のシャンパンもそっと置いてあります。おそらくこの写真は、カップルでどちらかの誕生日を祝っているようすでしょう。この写真からは、次の3点が読み取れます。

●写真に写るメッセージカードを読むと誕生日祝いだとわかる
●グラスがふたつあるので、ふたりで行っている会であることがわかる
●投稿する際の位置情報によって、ホテルで撮った写真であることがわかる

「ネックレス」と「誕生日ケーキ」の2枚の写真に共通しているのは、どちらもカップルの〝のろけ〟をSNSに上げているという点です。さらに、「楽しんでいる状況そのもの」を写真に撮ってアップしているのではないことから、自慢の仕方がさらに間接的になっていることがわかります。

のろけをパブリックな場に上げる時点で「自慢したい」という気持ちが働いているのは間違いないといえますが、**「人を写さない」「直接的な言葉を使わない」という載せ方によって、見ている側の感情と自分の主張のバランスを取っている**ことがわかります。このように「発信する意欲」が強く、自身のブランディングとでもいうべき演出を施す人は「自己プロデュースキャラ」だといえますが、限りなく「SNSめだちたがり」的なバランス感覚ももっている人だといえるでしょう。

自然体を投稿することで、自らの「当たり前感」を演出する

次の写真は、若者が「家飲み」をしているようすです。写真からは、自分をよく見せたいといった強いアピールがあまり感じられません。とくに広く発信することを狙っているわけでもなさそうです。こういった行動を取る人たちは「マイペースキャラ」である可能性が高いといえます

●男子2人、女子3人
●だれかの家で「家飲み」をしている
●写真を撮っているものの特別な工夫はなし
●コメントを付けず投稿し、ハッシュタグのみで説明

「マイペースキャラ」の人たちは、SNSですらリアルでつながっている人たちがベースとなっており、実際の関係やリアルなできごとを、SNSを使って「すでにつながっている人たち」に拡散していきます。

この投稿には、家飲みを強調するようなコメントが付いていません。外からの見え方を意識してアピールし過ぎないように抑えていると考えることもできますが、おそらくは、そこまで気にせずに、仲間に向けて投稿しているものと思われます。

最後は、とあるカップルのアニバーサリーデートの写真です。次のことがわかります。

●直接的なのろけになっている

●コメントの部分で写真の趣旨に触れている

この写真は、実はこれまでの投稿とは大きく異なります。この写真は彼女が投稿していますが、彼女はこういった形で露骨にのろける行動に対して特別な懸念をもっておらず、自らが感じたことを素直に発現させています。クラスターとしては「自己プロデュースキャラ」に分類できるといえますが、先に紹介したのろけ写真よりも直接的な表現をしている点において、ありのままの自然な雰囲気での発信を重視しているといえるでしょう。自分でSNSに投稿していなければ、「超リア充」とも考えられたのですが、わざわざ投稿するという行動は「自己プロデュースキャラ」の特徴が強く表れているといえます。

このように、実際の投稿を見ながら、**「見られている意識をどのようにもっているか」「結果、どんな投稿になっているか」「投稿した本人は、どのクラスターに近い特徴をもっているか」**を分析することで、彼らの心の動きが見えてきます。このほかにも投稿手法の違いや、投稿をしているのが本人なのか他人なのか、タグ付けしているのかされているのか、といった点にも着目するとより深く読み解くことができるでしょう。SNS投稿という行動を通じて、現代の若者の傾向が見えてきたのではないでしょうか。

ここだけ読めばざっくりわかる！

2章のまとめ

- いまの若者は多様化しているが、ワカモンオリジナルの「若者まるわかりクラスター」を通じて、昔から変わらず存在し続ける若者像と、いまだからこその若者像があることがわかる。
- いまの若者はSNSを通じた発信＝自己表現を行う。
- 〝見られている意識〟に行動が規定され、他者が見ている自分のイメージを想像してそこから逆算をした振る舞いをする。

3章

成長してきた環境とその価値観

3-1

若者目線で見た若者たちが生きてきた時代

3章では、いまの若者たちに影響を与えてきた環境要因について説明していきます。いまの若者たちがどのような時代を生きてきて、どのような経験をし、どのように育ち、どのようなことを大事にするようになったのか。つい上の世代の人が口走ってしまう「オレたちのころは」の若者バージョンといったところです。結論からいえば、若者は「3つの変化の波」をくぐり抜けてきました。その波にさらされるなかで、その上の世代とは異なる価値観や行動特性をもつようになったとワカモンは考えています。

1つ目の波は、とくに経済状況を中心として、世の中で起きた事象や出来事、ブームといった波です。それらがどんな価値観を強めたかを見ていきます。2つ目の波では、1章で述べた「量の影響力」の減少と、価値観を育む大きな要素のひとつである学校教育という視点での変化を見ていきます。3つ目の波では、情報環境、とくにコミュニケーション環境の変化の波を見ていきます。２章で取り上げたように、いまの若者たちの生活の中心には間違いなくコミュニケーションがあります。スマホやＳＮＳといったコミュニケーションツールの物理的な普及が、若者たちの間でどのような価値観を強めていったのか。そして最後に、これらの３つの変化の波をとおして、いまの若者がどのような価値観の時代に生きているのか、彼ら目線でのキーワードを探っていきます【図1】。

それぞれの「変化の波」では、具体的な事実や事象、ワカモンが独自に調査したデータも交えて説明していきます。まずは概要をつかんでいただくために、平成生まれの若者のライフヒストリーから見てみましょう。

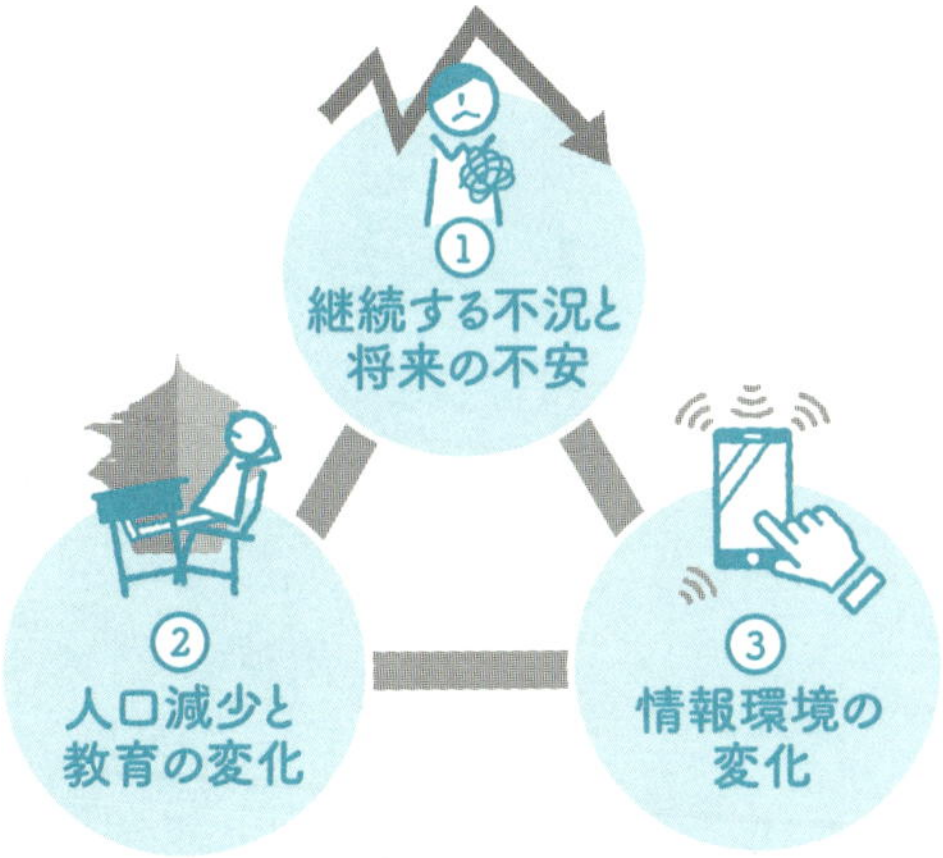

[図1]３つの変化の波

3-2

変化の波①　継続する不況と将来の不安

不況生まれ〝デフレ育ち〟

代表例として、平成元年＝1989年生まれの若者をイメージしてみましょう【図2】。1989年はバブル景気の真っ最中。日経平均株価が史上最高値である3万8915円をつけた年です。しかし、その2年後の1991年（2歳）には、バブルが崩壊。そこからいわゆる「失われた20年」が始まります。

結論からいうと、いまの若者は人生のほぼすべてを、この「失われた20年」に生きているわけです。好景気を知っている世代とは、行動や価値観が異なるのは想像に難くありません。

自分が生きてきた20年って、ほとんど〝失われた20年〟ってやつらしいんですけど。〝失われた〟って言われても困りますよね、その時代しか知らないし（笑）

1989（平成元）	幼年期	0歳	日経平均株価が史上最高値38,915円 消費税3％導入
1990（平成2）		1歳	出生率1.57ショック
1991（平成3）		2歳	**バブル崩壊**
1992（平成4）		3歳	全国の国公立学校で学校週5日制がスタート
1993（平成5）		4歳	不況深刻化・リストラと雇用不安広がる Jリーグ開幕
1994（平成6）		5歳	円高が進行、戦後初の100円突破
1995（平成7）	小学生	6歳	阪神淡路大震災・地下鉄サリン事件 「Windows95」発売
1996（平成8）		7歳	ポケベル加入者数がピーク
1997（平成9）		8歳	消費税5％にアップ 北海道拓殖銀行、山一證券など金融機関の破綻相次ぐ
1998（平成10）		9歳	PHS加入者数がピーク
1999（平成11）		10歳	ゼロ金利政策導入 携帯電話IP接続サービス（iモード・EZweb・J-スカイ）開始
2000（平成12）		11歳	「ユニクロ」「スターバックス」がブーム マクドナルド「平日半額キャンペーン」を実施
2001（平成13）		12歳	IT不況 アメリカ同時多発テロ
2002（平成14）	中学生	13歳	**ゆとり教育本格実施（完全週休2日制など）**
2003（平成15）		14歳	日経平均、バブル崩壊後最安値7,603円を記録
2004（平成16）		15歳	「mixi」「GREE」サービス開始、ブログブーム OECD生徒の学習到達度調査で、日本の点数低下が問題に
2005（平成17）	高校生	16歳	日本の人口が戦後初めて減少に転じる
2006（平成18）		17歳	**「YouTube」が人気** 「mixi」が流行、ケータイ小説ブーム 「ニコニコ動画」「モバゲータウン」サービス開始
2007（平成19）		18歳	大学入学希望者総数が定員総数を下回る
2008（平成20）	大学生	19歳	リーマン・ショックにより株安、円高が進行 アップル「iPhone3G」販売開始 「Twitter」「Facebook」日本語サービス開始
2009（平成21）		20歳	**「Twitter」が流行** ファストファッションが流行
2010（平成22）		21歳	**スマートフォンがヒット** ソーシャルゲーム市場規模、1000億円突破
2011（平成23）		22歳	東日本大震災 **「Facebook」が流行**、「LINE」サービス開始 学習指導要領（第7次）の施行　脱ゆとり教育へ
2012（平成24）	社会人	23歳	東京スカイツリー開業 **「LINE」が流行**
2013（平成25）		24歳	「アベノミクス」の始まり
2014（平成26）		25歳	消費税8％にアップ 「Instagram」「Vine」が流行
2015（平成27）		26歳	安全保障関連法が成立 訪日外国人の「爆買い」が話題
2016（平成28）		27歳	←イマココ

［図2］平成元年生まれのライフヒストリー

これは、ワカモンが対話したある若者の言葉ですが、もう少し、彼らのライフヒストリーを追ってみましょう。

小学校に入学した1995年（6歳）には、阪神・淡路大震災や地下鉄サリン事件が起き、2001年（12歳）には、アメリカ同時多発テロ事件が発生。社会的に安定しているとはいえない不安な時代を過ごします。

経済的な面では、1991年（2歳）にバブルが崩壊して以降、株価の下落、円高の進行、相次ぐ金融機関の破綻など、世の中の景気不安が強まるなかで、2000年（11歳）にユニクロのフリースがブームに。同年、マクドナルドの平日半額ハンバーガーが話題になるなど、デフレを背景に〝安いもの〟に対する注目が集まりました。

教育制度の変更も、彼らの価値観に関係しています。**小学校の在学期間中に、いわゆる「ゆとり教育」が段階的に始まり、中学校に入学する2002年（13歳）から本格的に実施されています。**

さらに、いまの若者の行動と価値観に多大な影響をもたらしたのが、情報環境の変化です。**2000年代前半に、中高生にもパソコンや携帯電話の普及が急激に進み、ブログや**

mixiをはじめとするSNSを使った、新しいコミュニケーションスタイルが浸透していきます。 無料でホームページをつくれるサービスや「ケータイ小説」もブームになりました。「あのころ、放課後の過ごし方がものすごく変わったんですよね」と、ワカモンが対話した現在20代前半の若者が振り返るように、放課後もネットを介したコミュニケーションが続くことで、終わらない放課後が生まれました。

再び経済的な面では、大学に入学する2008年（19歳）にリーマンショックが起き、世界規模の経済危機が訪れたことを見聞きします。身近なところでは、ファストファッションがブームになり、スウェーデンのアパレルブランド「H&M」や、アメリカのファッションストアチェーン「FOREVER21」に多くの若い女性が群がりました。

2010年（21歳）には、スマートフォンがヒット。若者の手にはつねにスマホがあるようになりました。Twitterが流行し、2011（22歳）にはFacebook、2012年（23歳）にはLINEが流行するなど、新しいコミュニケーションツールが次々と浸透していきました。

そして、2011年（22歳）。東日本大震災を経験。臨んだ就職活動では、リーマンショックの影響を引きずり、好転していた就職状況も再び氷河期に突入したため苦戦。なんとか就職が決まり、現在は社会人5年目。仕事を覚えて、一人前になったかならないか、というのがいまの若者の典型的なライフヒストリーでしょうか。

これらの成長背景を総括するキーワードは、不況生まれ〝デフレ育ち〟。生まれてすぐにバブルが崩壊し、景気の良かった時代を知らない若者たち。デフレ環境のなかで、「安くていいものが当たり前な時代」を過ごし、次から次へと登場するコミュニケーションツールを使いこなしてきた、そんな世代です。彼らのなかに、どのような価値観が育まれていったのか、具体的に見ていきましょう。

不満はないけど、不安

最近の若者はかわいそうだなぁ、景気のいい時代を知らないなんて。

若者より上の世代の方が、よくおっしゃるセリフです。でも、いまの若者は本当に「かわいそう」で、「不満を抱えた世代」なのでしょうか？

いいいえ、実は若者は「生活に満足している」ということが、調査で明らかになっているのです。内閣府で実施している「国民生活に関する世論調査」では、現在の生活に対する満足度について「満足している（満足＋まあ満足）」と答えている割合が、全体では70・1％。年代別に見ると、もっとも高いのは20代の79・2％、逆にもっとも低いのは50代の66・6％です。つまり、**若者である20代がもっとも生活に満足している**という結果になっており、しかも5人に4人が満足しているという高水準なのです【図3】。

これはなぜでしょうか？　確かに若者は景気が良くない時代を過ごしているのかもしれませんが、そもそも、景気が良い時代を知らず、安くて良いものやサービスに囲まれてきて、ある意味、豊かな時代を過ごしていることが影響していそうです。

ただし、生活に満足しているから心配無用かというと、そういうわけでもありません。実は**若者は不満ではなく、不安を抱えている**のです。

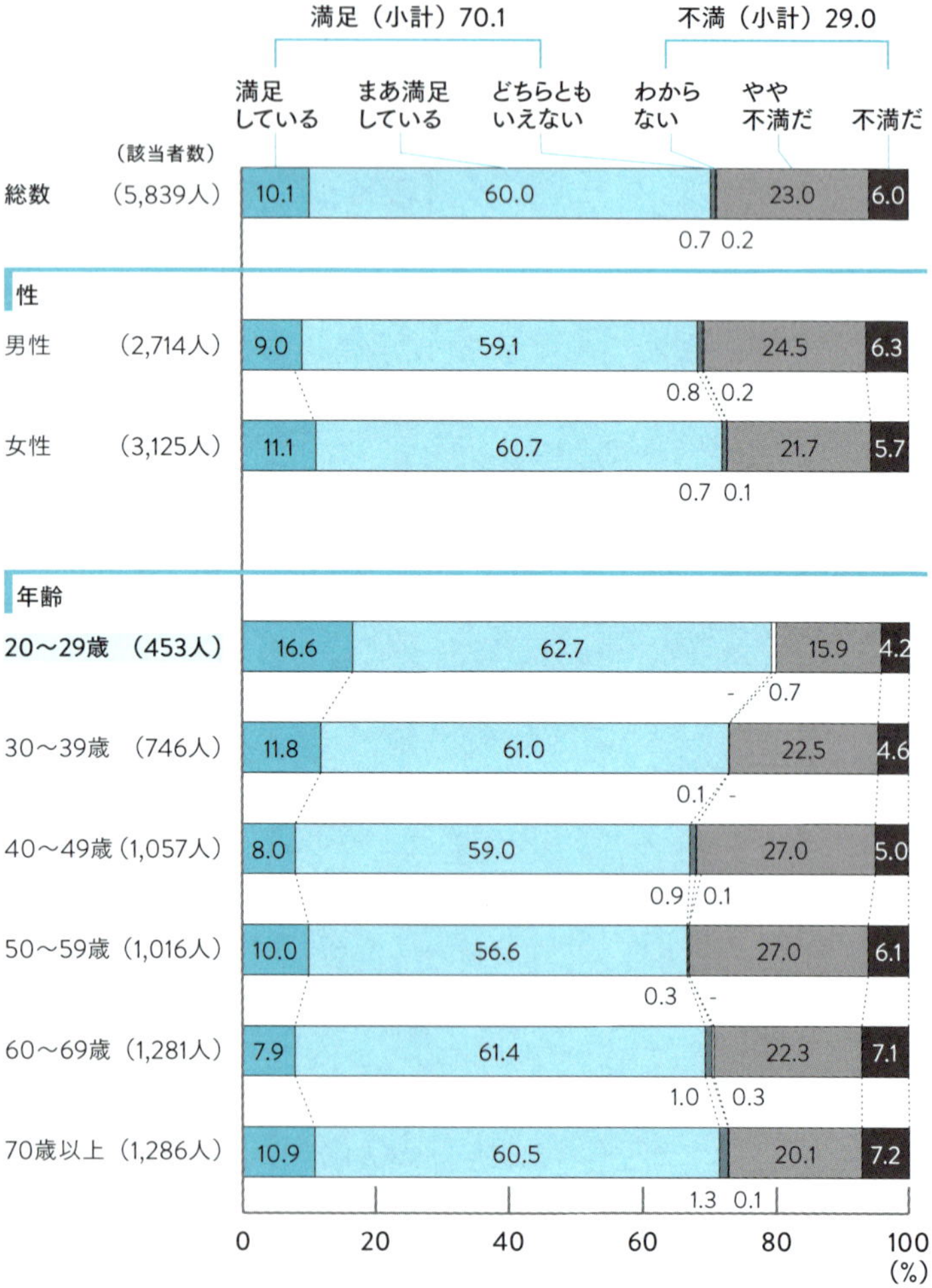

出典：内閣府「国民生活に関する世論調査（2015年）」

［図3］現在の生活に対する満足度

あなたは「日本の将来」と「自分の将来」について、どう思いますか

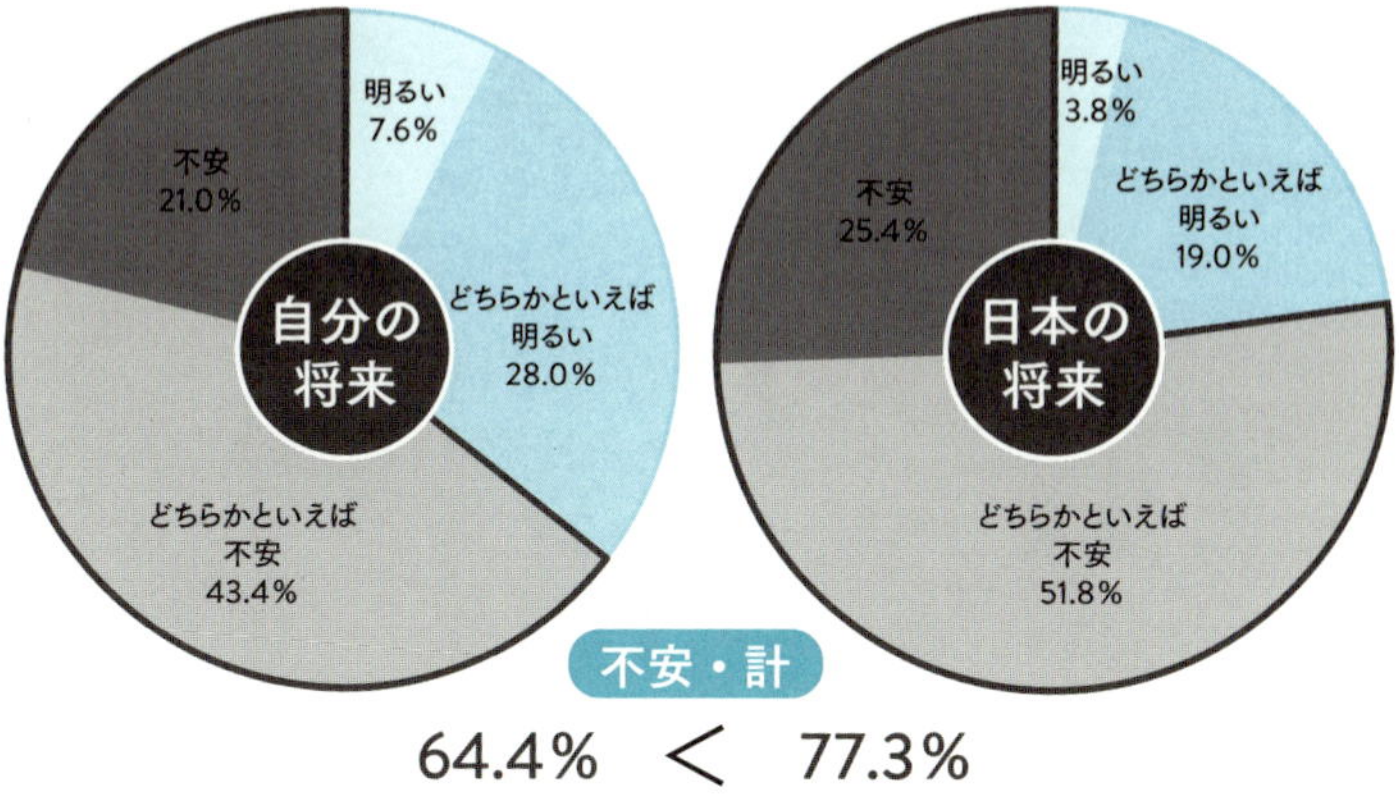
自分の将来
明るい 7.6%
どちらかといえば明るい 28.0%
どちらかといえば不安 43.4%
不安 21.0%
日本の将来
明るい 3.8%
どちらかといえば明るい 19.0%
どちらかといえば不安 51.8%
不安 25.4%
不安・計
64.4% ＜ 77.3%

［図4］若者が抱える将来への不安

出典：電通若者研究部（ワカモン）「若者まるわかり調査2015」（2015年2月実施）東阪名15-29歳男女 N=3,000

ワカモンが調査を行った「若者まるわかり調査２０１５」によると、自分の将来が「不安（不安＋どちらかといえば不安）」と答えた割合は全体の64・4％でした。未来ある若者の３人に２人が、不安と回答しているのです【図4】。

そして、さらに不安のスコアが高かった項目があります。それが「日本の将来」です。こちらは、77・3％で4人に3人が不安という結果になっています。若者自身の立場に立って、この不安な気持ちを想像してみると、「自分の将来は自分の力でなんとかなるかもしれない、でも、自分がもっと大人になったときに、そもそも日本って大丈夫なんだろうか…？」と

いった感じでしょうか。

不満はないけど、不安。そんな気持ちを抱えているのが、いまの若者なのです。

老後が不安な若者?!

将来不安じゃね?

4 それな…。

「未来はバラ色」という言葉がありますが、いまの若者にとっては、「未来は灰色」。お先真っ暗とまでは言えないけれど、かといって、輝きに満ち溢れているわけでもなく、先行きが見通しづらいがゆえの「灰色」。そんな感覚に近いのかもしれません。では、若者が抱いている「不安」とはいったい何でしょうか。

現在「不安」だと思うことを、ライフステージ別でランキングにしてみ

4 **それな**

近年流行っている若者言葉。相槌としての機能を果たし、相手への共感を示す際に使うこともあれば、とくに会話を続ける必要がない場面で使わることもある。明確な意味をもたず、使われる場面によって意味合いが異なる。

高校生(n=586)		
1	受験・進学	51.9%
2	就職	51.2%
3	お金	47.4%

大学生(n=812)		
1	就職	60.3%
2	お金	53.0%
3	仕事	46.8%

20代社会人(n=1602)		
1	お金	59.3%
2	仕事	40.8%
3	結婚	32.4%

出典:電通若者研究部(ワカモン)「若者まるわかり調査2015」
(2015年2月実施)東阪名15-29歳男女 N=3,000

[図5]現在「不安」だと思うこと(ライフステージ別)

ると、高校生は「受験・進学」、大学生は「就職」、20代社会人は「お金」がトップに挙がりました[図5]。

目の前に立ちはだかるライフイベントに対して不安を感じるということは、世代に関係なく想像がつきやすいものだと思います。ただ、20代社会人が若いうちから、お金や仕事に不安を感じているのは、いまの若者ならではの特徴といえるかもしれません。

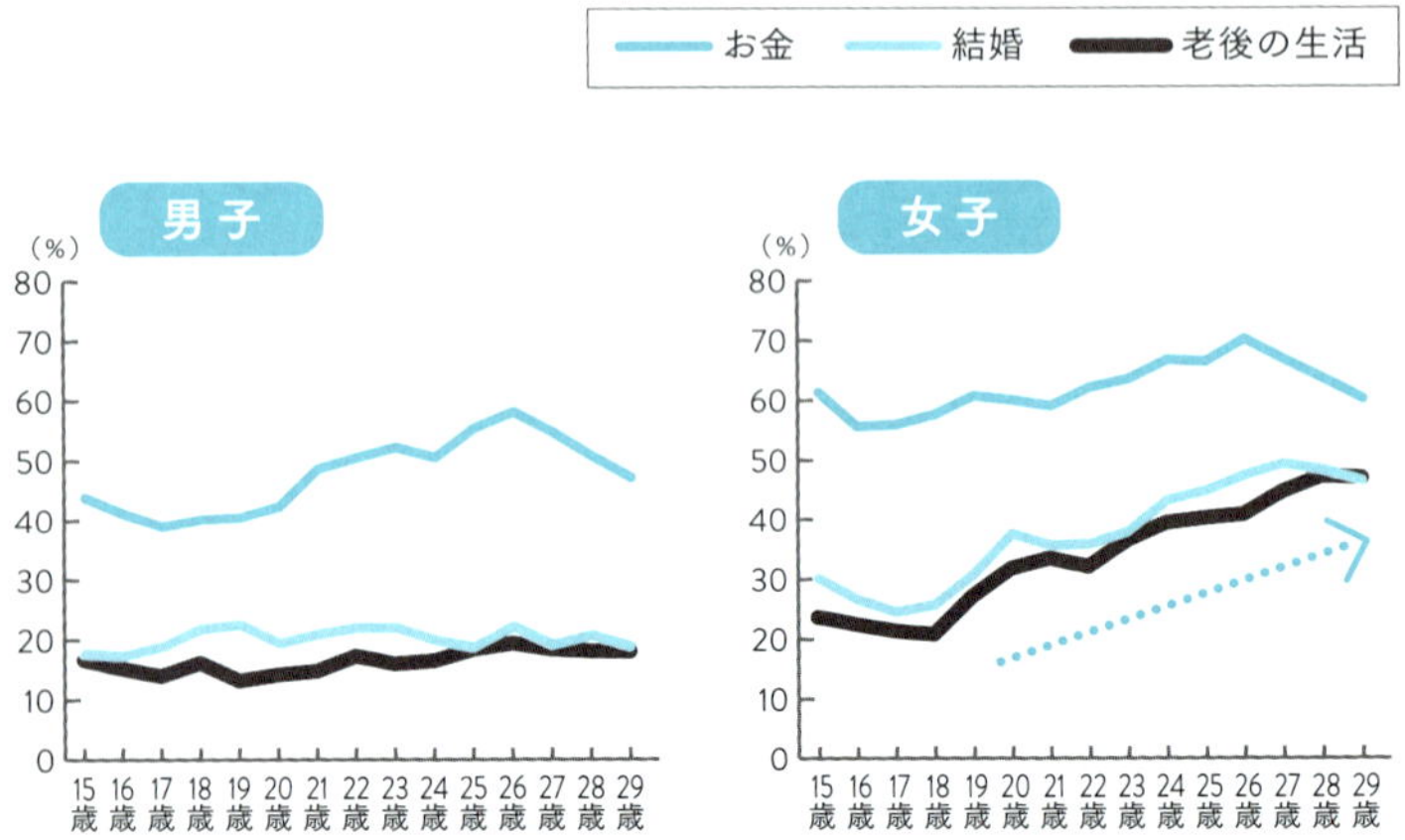
お金
結婚
老後の生活
男子
女子
（%）
80
70
60
50
40
30
20
10
0
15歳 16歳 17歳 18歳 19歳 20歳 21歳 22歳 23歳 24歳 25歳 26歳 27歳 28歳 29歳

出典：電通若者研究部（ワカモン）「若者まるわかり調査2015」
（2015年2月実施）東阪名15-29歳男女 N=3,000

［図6］現在「不安」だと思うこと（年齢別）

さらにもう少し細かく、年齢ごとの変化を見てみましょう。男子は「お金」の不安スコアが25～27歳くらいにかけてゆるやかに高まっている傾向が見られます。一方、女子のグラフを見ると、「お金」と同様、20歳を過ぎたあたりから大きく上昇していく項目がふたつあります。それは「結婚」と「老後の生活」です［図6］。

結婚はともかく、「若者が老後の心配？そんなバカな」と思われるかもしれません。しかし、20代女子にヒアリングをしていると、実際にこんな声が挙がってくるのです。

結婚できなかったら、老後は一人かもしれないんですよ…。

30代になって結婚してなかったら、マンションでも買おうかな…。

未婚アラサー女子の結婚できないリアルな葛藤と悩みを描いた、東村アキコさんのマンガ『東京タラレバ娘』を読んで、「どうしよう、これ私のことです！　動悸が止まりません…」というLINEを送ってきたのは、20歳を過ぎたばかりの女子大生でした。いまどきの若者は、**目の前にある就職やお金に対する短期的な不安と、将来が不安な日本において、自分自身もどうなるかわからないという、漠然とした長期的な不安も一緒に抱えているのです。**

身の丈志向で、社会をリードしていきたい若者たち

目の前の不安だけでなく、もはや老後まで不安なのが、いまの若者たちにとってのリアル。しかし、ただ不安を抱えて縮こまっているだけなのかというと、そういうわけではなさそうです。

若者の社会に対する意識として、「若者まるわかり調査２０１５」では、「自分たちの世代がリード・牽引していきたいか、それとも上の世代がリード・牽引していくべきか」という質問をしてみたところ、15～29歳では前者が58・0％、とくに男子大学生は68・6％と比較的高いスコアになりました。彼らはもしかすると、「積極的に社会を引っ張っていきたい」という強いマインドではないかもしれません。でも、たとえ「しかたない、やるか」というマインドだとしても、そのポジティブな気持ちをすくい取っていくのが、社会や大人の役割ではないでしょうか。

不況生まれ・デフレ育ち、不満はないけど不安で、老後ですら不安な若者。いまどきの若

者を取り巻く背景のひとつめの「波」として、若者たちが過ごしてきた時代の経済的な側面と、そのなかで育まれてきた将来に対する不安を説明してきました。

ひとつめの「波」から浮かび上がってくる価値観のキーワードは、「身の丈志向」。芸人やミュージシャンになりたい、有名になりたいといったある意味リスキーな夢を追うよりは、まず堅実に就職して生活を安定させるのが先。「社会」という目に見えない大きなシステムを変えるのはなかなか難しいけれど、地域のコミュニティのゴミ拾い活動に参加するのはソーシャルグッド[5]だし、参加しやすい。いつ形になるかわからない活動よりも、可視化されたその場の「いいね！」のほうが実感できる。

このように、自分がしたことに対する手ごたえやリアルな実感、見返りを感じられるものに惹かれるのが、いまの若者の特徴です。ともすると保守的に見えるのは、この「身の丈志向」が影響しているのです。

5 ソーシャルグッド

社会にとって良いこと、社会貢献になることなどを指す言葉。幅広い意味合いで使われており、企業の活動から個人の活動まで、規模感に規定はない。近年とくに「ソーシャルグッド」は社会から求められ、好まれる傾向にある。

3-3

変化の波②　人口減少と教育の変化

減り続ける若者の数

「少子高齢化」と言われるようになって久しい日本。総務省統計局の人口推計データによると、15～64歳のいわゆる生産年齢人口は1995年をピークに減少し、2008年からは総人口も減少するという、「人口減少社会」に突入しています。

これは若者という視点で見たときにも、同様の現象が起きています。直近でもっとも20代の人口数が多かったのは、1996年の1913万人。当時の総人口は、およそ1億2586万人だったので、総人口に占める割合は15.2%ほどでした［図7］。

1996年は安室奈美恵やSPEEDがブレイクし、たまごっちやプリクラ、アニメ『新世紀エヴァンゲリオン』がヒット。一般の女子高生が読者モデルとして登場したギャル雑誌『Cawaii!』が創刊するなど、若者の勢いが、そのままブームや現象として数多く注目されていた年ともいえます。

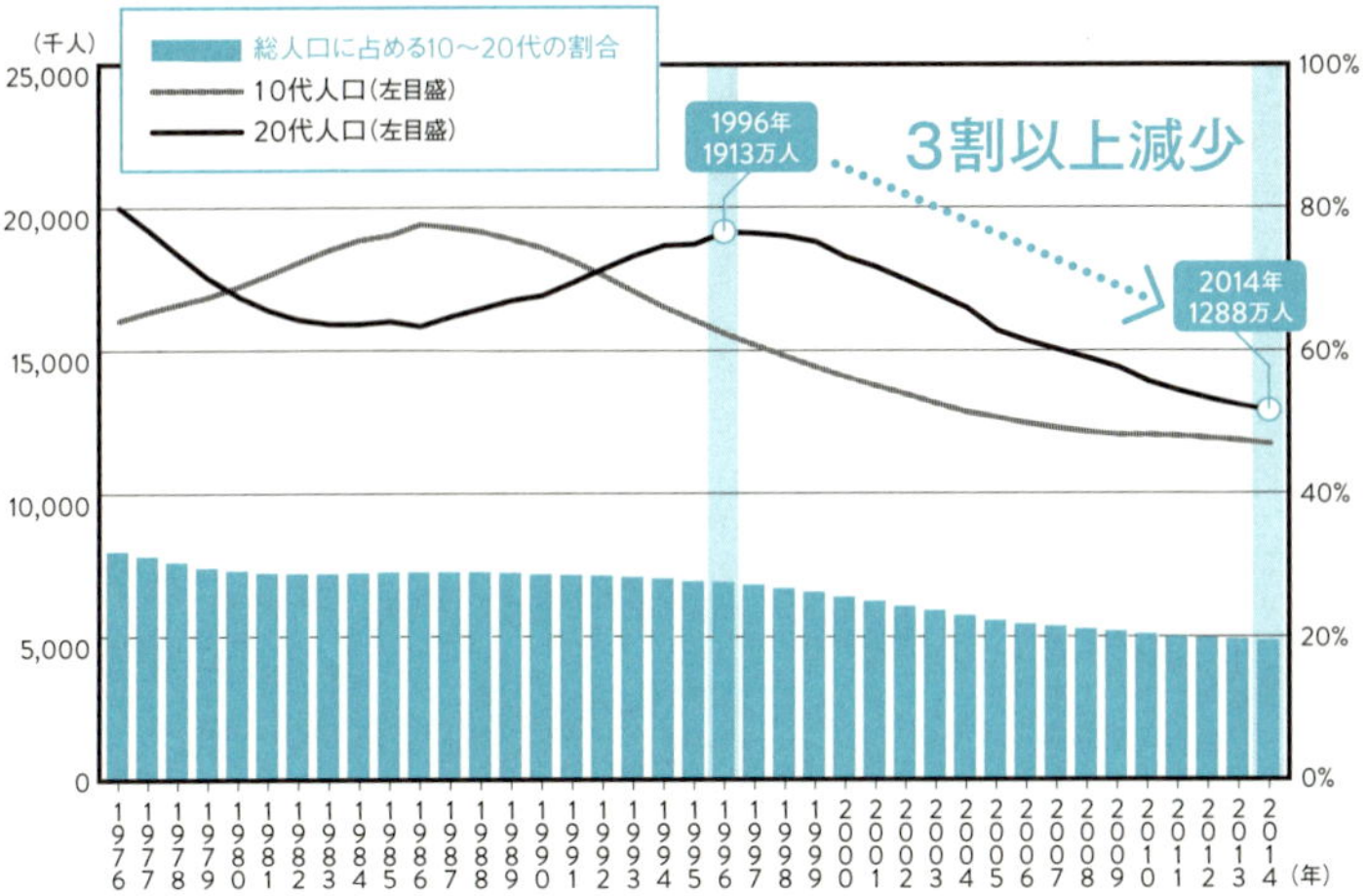

（千人）
総人口に占める10～20代の割合
10代人口（左目盛）
20代人口（左目盛）
1996年
1913万人
3割以上減少
2014年
1288万人
25,000
20,000
15,000
10,000
5,000
0
100%
80%
60%
40%
20%
0%
1976 1977 1978 1979 1980 1981 1982 1983 1984 1985 1986 1987 1988 1989 1990 1991 1992 1993 1994 1995 1996 1997 1998 1999 2000 2001 2002 2003 2004 2005 2006 2007 2008 2009 2010 2011 2012 2013 2014
（年）

［図7］人口減少と教育の変化

※総務省統計局データより作成　※各年10月1日現在の数値

しかし、そこから20代の人口は減り続け、２０１４年には１２８８万人になり、３割以上減少。総人口に占める割合は10・1％に下がっています。この年のヒットと言えば、『アナと雪の女王』や『妖怪ウォッチ』、ユニバーサル・スタジオ・ジャパンの『ウィザーディング・ワールド・オブ・ハリー・ポッター』などです。若者だけでなく、大人の女性やファミリー層など幅広い世代に受け入れられたものが挙がっています。

単純に１９９６年と２０１４年を比べるだけですべてを語れるわけではありませんが、ふたつの時代の若者たちがある商品やサービスを同じ割合だけ買ったり利用したりしても、元となる人数が3割近く減っているわけですから、1996年と比べて消費のパワーや存在感が小さく感じるのは当然のことです。「若者の○○離れ」という言葉がありますが、**最近の若者が消費しない、元気がないように見える理由の一端には、この「量の影響力」の減少に原因がある**のです。

「量の影響力」の減少は、若者の価値観にも影響を及ぼします。近い将来、ひとりの高齢者を何人もの若者で支えなくてはいけないといったニュースがネットで話題になったりしますし、マーケティングにおいても、若者層よりも人数の多いシニア層を積極的に狙う企業が多いといった話を耳にすると、「時代の主流にいるという意識をもちづらい」という感覚に囚われるのではないでしょうか。

さきほど、将来の不安に関するデータを紹介しましたが（95ページ参照）、彼らの不安は、この先の時代においても「自分たちが主役だ」という価値観がもちづらいことも影響していると考えられます。自分が主役だという自信がもちづらい＝「自信レス」の状態にあるのかもしれません。

〝競い合わないこと〟がデフォルト設定

さて、ここからは教育制度の変更について見ていきます。いまの若者を指す言葉としてよくいわれる「ゆとり世代」は、２００２年度（高等学校は２００３年度入学生）に施行された学習指導要領による教育、いわゆる「ゆとり教育」を受けた世代のことで、一般的には１９８７年４月から１９９６年３月生まれ、実年齢に置き換えると、いまの20代をすっぽり包むくらいの年齢の若者たちです。言葉自体は、２００８年にユーキャン新語・流行語大賞にノミネートされて話題になりましたが、この「ゆとり教育」の元では、どんな価値観が育まれたのでしょうか。

少し歴史を振り返ってみると、「ゆとり教育」は１９７７〜１９７８年にかけての学校指導要領の改訂が始まりといわれています。１９８９年の改訂では「新学力観（生徒の思考力や問題解決能力などを重視し、生徒の個性を重視した教育）」が導入され、いわゆる個性化教育の流れが生まれます。そして、１９９８〜１９９９年の改訂（２００２年以降に施行）から、本格的な「ゆとり教育」が始まりました。

公立の小・中・高等学校では「完全週休２日制」が実施され、学習内容や授業時間数は３割

1968～70年	学習指導要領改訂（第3次）	教育内容の一層の向上	現在の40代が中学生のとき 詰め込み教育
1977～78年	学習指導要領改訂（第4次）	ゆとりある充実した学校生活の実現	現在の30代が中学生のとき
1989年	学習指導要領改訂（第5次）	社会の変化に自ら対応できる心豊かな人間の育成	個性化教育
1998～99年（告示）	学習指導要領改訂（第6次）	「ゆとり」の中で「生きる力」を育む	現在の20代が中学生のとき
2002～03年（実施）	公立小・中・高等学校で「完全週休2日制」実施		ゆとり教育
2008年	学習指導要領改訂（第7次）	「生きる力」の育成、基礎的・基本的な知識・技能の習得	脱ゆとり教育へ

［図8］教育制度の変遷

削減されました。授業内容についても、たとえばゴミ問題などについて考えるといった、生徒が自発的に課題を設定して行う「総合的な学習の時間」が新設されます。その一方で基礎的な学習量が減少し、世の中では学力低下が話題になりました［図8］。

そして、ここがいちばんのポイントかもしれません。この「ゆとり教育」をきっかけに、クラスの成績評価の基準が、相対評価から絶対評価に変わったのです。通知表で成績優秀を示す「5」は、これまで成績上位数％しか取れなかったものから、基準をクリアすれば全員が取ることのできる「5」

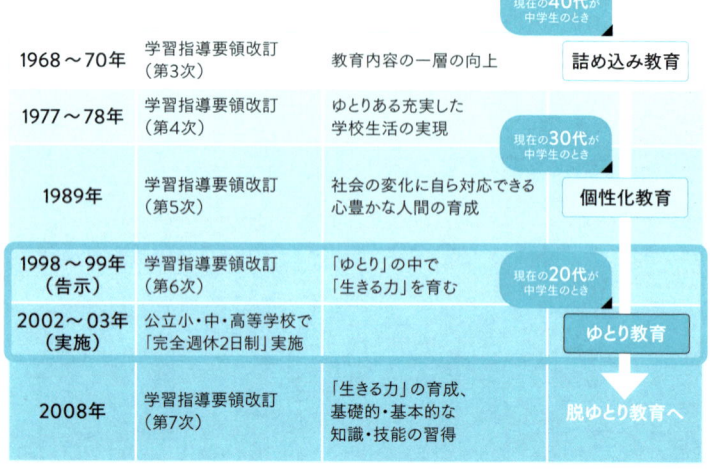

になりました。言い換えれば、自分がクラスのなかでどの位置にいるのかを知ることができ、競争して勝ち取る評価から、がんばったみんなに等しく与えられる「5」になったのです。これは、クラスにおける成績の「競争」要素をなくしていく出来事でした。

「競争」要素が減ったことは、若者の価値観に大きく影響することになります。競い合う必要がないのですから、切磋琢磨するよりは手と手を取り合ってまわりと仲良くしたい、仲間との連帯感を大事にしたいという価値観が強くなり、**〝競い合わないこと〟がデフォルト設定**になりました。

以前、ある社会人1年目の若者に「同期ってどんな存在？　ライバル？　職場の友人？　飲み仲間？」と質問すると、次のような返事が返ってきました。

同期はライバルというより仲間だと思います。負けたくない気持ちもなくはないけど、それを表に出して、雰囲気が悪くなるのは嫌です。

もちろん、本人の性格やその会社の風土もあるので、この言葉がいまの若者を代表するわけではありませんが、上の世代との違いをわかりやすく説明するとしたら、いまの30代以上の世代は「競争のなかで個性を武器に勝負してきた世代」で、30歳未満の世代は「仲間意識が強く、横並びでワイワイすることを好む世代」ということになるでしょう。もし、あなたが「最近の若者は横並びばっかり気にする」と思うことがあれば、このような背景が影響しているのかもしれません。

大人が勝手に決めた教育を受けてきただけなのに、ゆとりだマイペースだなんだ、と一方的に言われてもちょっと…。

ある若者の言葉です。表面的な行動や事象だけで若者を語るのではなく、彼らが過ごしてきた環境要因にも目を向けて、それが行動や価値観に影響を及ぼしているのだと理解できると、また違った視点で若者と接することができるようになるでしょう。

〝競争よりも協調〟へ

ふたつめの「人口減少と教育の変化」の「波」から見えてくる価値観のキーワードは、〝競争よりも協調〟です。「若者まるわかり調査2015」では、「世の中、自分の力ではどうしようもできないことが多いから、仲間の力が必要だ」という質問に対して「あてはまる（あてはまる＋ややあてはまる）」と回答した人が、全体の約8割にのぼりました［図9］。

　ネットワークを介したゲームで力を合わせて強敵を倒したり、学校の授業や就活情報をLINEで共有したり、友だちのInstagramで「おいしいお店に行った」という投稿を見て

世の中、自分の力では
どうしようもできないことが多いから、
仲間の力が必要だ

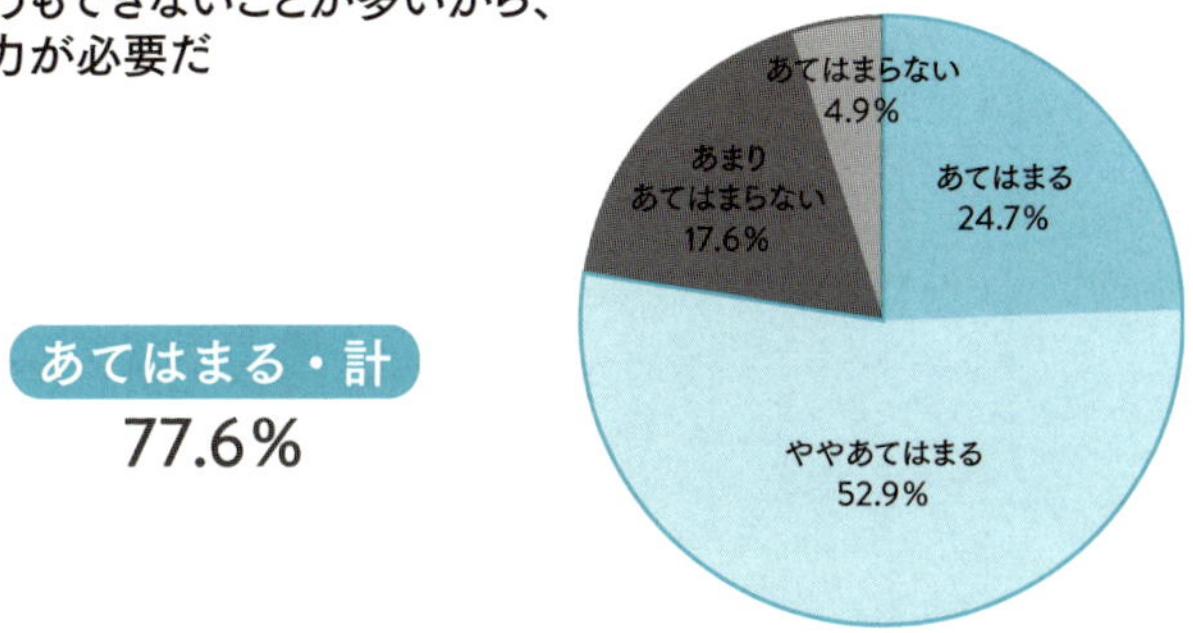

あてはまらない
4.9%
あまり
あてはまらない
17.6%
あてはまる
24.7%
ややあてはまる
52.9%
あてはまる・計
77.6%

出典：電通若者研究部（ワカモン）「若者まるわかり調査2015」
（2015年2月実施）東阪名15-29歳男女 N=3,000

［図9］日常生活についての意識

「私も行きたい！」とコメントしてみたり。**目的を効率よく達成し、楽しく生活していくためには仲間が大切だから、「仲間とうまくやること」が大事だと思っている**のです。

視点を変えてみると、若者に支持されている嵐やＡＫＢ48、EXILEといった人気グループにも、「メンバーが仲良し」という共通項が見出せます。その一方で、一人ひとりに個性があり、高め合っていることも特徴のひとつではないでしょうか。

これを一般的な若者に置き換えると、仲間とうまくやっていくために、自分がどんなキャラクター（特徴）で、どんなことに興味があり、どんな特技をもっているのかなど、みんなにプロフィールを認識してもらわないとなりません。つまり、自分にどんな「タグ」が付いているのかをアピールする必要が出てくるのです。

「〇〇女子、△△キャラ、××系、□□クラスタ」と自分にタグをつける現象の背景には、「仲間」というインフラの上で、「自分のキャラや個性を認識してもらいたい」という欲求が潜んでいます。しかも、それは競い合って個性を認めてもらうためのタグではなく、まわりと協調するためのタグなのです。

ここまで、人口減少と教育制度の変化という点について説明してきました。昔に比べて若者の人口は減り、「ゆとり教育」をはじめとする教育制度の影響を受けたことで、まわりの人間関係は、競うものから手を取り合うものへと変化していきました。いまどきの若者が〝競争よりも協調〟を重視するようになった背景をご理解いただけたでしょうか。

3-4

変化の波③ 情報環境の変化

コミュニケーション大洪水

3つめの「波」は、「情報環境の変化」です。この変化の影響を受けているのは若者だけに限らない話ですが、ケータイ、ネット、スマホ、SNSなどが普及し、激変する情報環境のなかで、新しい情報デバイスやコミュニケーションツール、サービスに飛びつき使いこなすのは、やはり若者が中心です。

まず、社会全体の情報環境の変化という視点で見てみましょう。日本で流通している情報量と、生活者が消費している情報量を表す総務省の「情報流通インデックス」という指標があります【図10】。

2005年ごろから「流通情報量」が急激に伸び始め、2009年の段階で約200%（2001年対比）と格段に増えています。しかもこれは2009年までのグラフなので、スマホが広く普及する前の状態です。

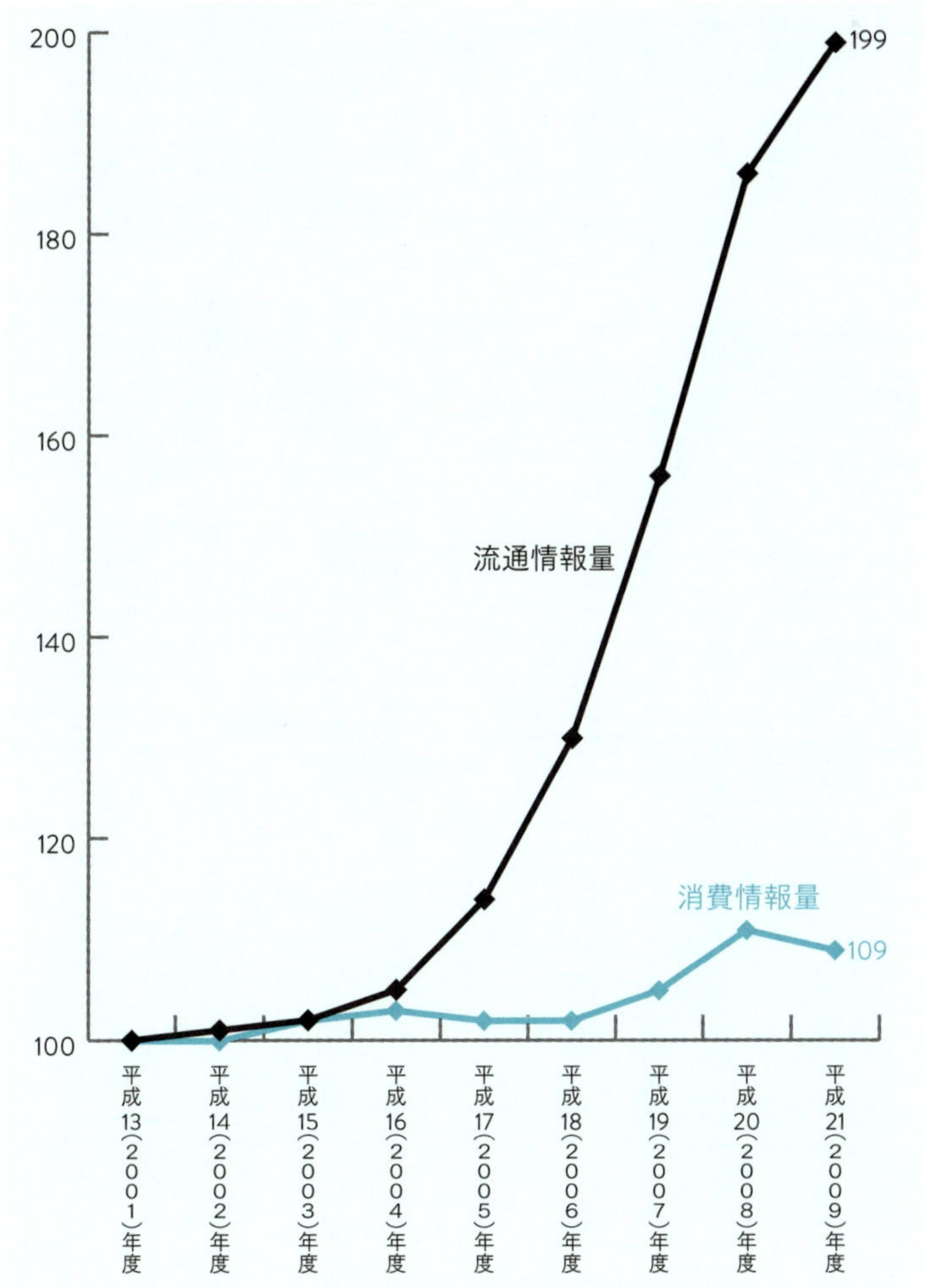

出典：総務省 情報流通インデックス（平成21年度）より抜粋

［図10］各情報量の推移（平成13（2001）年度を100としたときの指数）

このグラフが示すカーブは、ケータイ、スマホ、ネット、SNSといったコミュニケーションメディアやツールの普及と照らし合わせて見るとわかりやすいかもしれません。［図11］は1989年（平成元年）生まれの若者目線で見た「コミュニケーション環境」の変化をまとめたものです。［図10］で流通情報量が増加し始めた2005年は、ちょうど高校生になったころです。

コミュニケーションの輪が広がり活発になる学生時代に、インターネットだけでなく、新しい情報デバイスやコミュニケーションツール、サービスがどんどん登場し、進化してきたことがわかります。

情報が溢れるようになり、かつ、メディアから与えられるだけではなく、自ら発信できるツールをもてるようになると、情報は自分で手に入れるもの＝生活者主体に変わっていきました。このような情報環境の変化が、若者の価値観にどのような影響を及ぼしたのか、より深く掘り下げていきましょう。

				携帯電話 PHS	ネット
1989（平成元）年	幼年期	0歳		0.4%	
1990（平成2）年		1歳		0.7%	
1991（平成3）年		2歳	NTTドコモ「ムーバ」発売	1.1%	
1992（平成4）年		3歳		1.4%	
1993（平成5）年		4歳		1.7%	
1994（平成6）年		5歳		3.5%	
1995（平成7）年	小学生	6歳	「Windows95」発売	9.3%	
1996（平成8）年		7歳	ポケベル加入者数がピーク	21.4%	
1997（平成9）年		8歳		30.5%	9.2%
1998（平成10）年		9歳	PHS加入者数がピーク	37.7%	13.4%
1999（平成11）年		10歳	携帯電話IP接続サービス（iモード・EZweb・J-スカイ）開始 「2ちゃんねる」スタート	45.3%	21.4%
2000（平成12）年		11歳	携帯電話の人口普及率が50％を突破	52.6%	37.1%
2001（平成13）年		12歳	「Yahoo! BB」開始 アップル「iPod」、「Windows XP」発売 「Wikipedia」日本語版オープン	58.9%	46.3%
2002（平成14）年	中学生	13歳	インターネット人口普及率が50％を突破	63.9%	57.8%
2003（平成15）年		14歳		68.3%	64.3%
2004（平成16）年		15歳	NTTドコモ「おサイフケータイ」開始 「mixi」「GREE」サービス開始 ブログブーム	72.1%	66.0%
2005（平成17）年	高校生	16歳	「食べログ」サービス開始	75.5%	70.8%
2006（平成18）年		17歳	**「YouTube」が人気、「mixi」が流行** 「ニコニコ動画」「モバゲータウン」サービス開始	79.6%	72.6%
2007（平成19）年		18歳	「ワンセグ携帯」がヒット	84.0%	73.0%
2008（平成20）年	大学生	19歳	アップル「iPhone3G」販売開始 「Twitter」「Facebook」日本語サービス開始	87.7%	75.3%
2009（平成21）年		20歳	**「Twitter」が流行**	91.0%	78.0%
2010（平成22）年		21歳	**スマートフォンがヒット** ソーシャルゲーム市場規模、1000億円突破	96.3%	78.2%
2011（平成23）年		22歳	スマートフォンの普及加速 **「Facebook」が流行**、「LINE」サービス開始	103.7%	79.1%
2012（平成24）年	社会人	23歳	**「LINE」が流行**	110.2%	79.5%
2013（平成25）年		24歳		116.8%	82.8%
2014（平成26）年		25歳	「Instagram」「Vine」が流行	123.3%	82.8%
2015（平成27）年		26歳	アップル「Apple Watch」発売		
2016（平成28）年		27歳	←イマココ		

データ出典　携帯電話・PHS：総務省「電気通信サービスの加入契約数等の状況」＊年度末の数字
インターネット：総務省「流通利用動向調査」＊年末の数字

［図11］平成元年生まれのコミュニケーション環境ヒストリー

切れなくなった人間関係、つながりは常時接続

情報環境の変化のなかでも、とくに注目したいのがSNSの普及です。リアルな友だちだけでなく、同じ興味をもつ見知らぬ人や、有名人とさえもつながり、コミュニケーションできるようになりました。さらに、自分向けにカスタマイズした情報を得ることができるメディアツールとして、**SNSは若者たちのインフラと化した**といっても過言ではありません。こうしたSNSの存在が、若者たちの価値観にどのような影響を及ぼしているのかを考察してみたいと思います。

SNSが若者にもたらした変化のひとつは、人間関係が「切れなくなった」こと。SNSが登場する前は、たとえば中学から高校、高校から大学に進学したときに、違う学校に行ってしまった友だちとは、どうしても疎遠になりがちでした。

それに対して、いまの若者はSNSを通じてつながり続けることができるので、物理的距離の影響は薄まり、結果として、人間関係がふくらみ続けることになります。都会に進学した若者が、地元の友だちの近況をつぶやきや投稿でリアルタイムに知るなど、それまで同様のコミュニケーションを実現できるのは、SNSのメリットだといえるでしょう。

出典：電通若者研究部（ワカモン）調べ
＊首都圏在住の大学生のデータを時系列比較

［図12］所属しているグループ数（平均）

ワカモンが首都圏在住の大学生に調査を行ったデータによると、「所属しているグループ数」は、２０１０年には平均４グループだったのが、２０１５年には７グループに増加しています【図12】。過去と比較しても人間関係が拡大していることがわかります。

もうひとつの変化として挙げられるのは、「つながりが常時接続」になったことです。若者の手元にはつねにスマホがあり、Twitter、LINE、Facebook、Instagramなど複数のＳＮＳを目的に合わせて使いわけながら、いつも誰かとつながっています。朝起きると、LINEのメッセージが１００件以上たまっているとか、テレビ番組やスマホの動画を観ながら頻繁にTwitterでつぶやいているとか、ＳＮＳの投稿に反応があればレスしたり、友だちの投稿があれば「いいね！」や「Like」を押したり、などなど。

「コミュニケーションが生活の中心」といえるほど、彼らはだれかと常時、接続状態にあるのです。

では、このような変化によって、どんな価値観が強くなるのでしょうか。

「切れなくなった人間関係」「つながりが常時接続」といった側面に加え、たとえばTwitterで見ず知らずの人とフォローし合うなど、SNSを通じて新しいつながりも増えていくので、他人とコミュニケーションを取る量と機会は増大したといえます。それはつまり、**かつての若者より「他人の目にさらされる機会」が多くなっている**ということを意味します。

電通の調査では「他人からどう思われているかが気になる」と答えた人のなかでも、とくに10~20代のスコアがほかの年代に比べて高くなっています【図13】。また、約85%の若者が「人とうまくやっていくのは、人生をうまく渡っていくためのスキルのひとつだ」と回答しており、こういった意識は、彼らの行動や振る舞いを少なからず規定しています。

そのマインドをひとことで表現するとしたら、「出る杭になって打たれたくない」。

人とうまくやっていくのは、
人生をうまく渡っていくためのスキルのひとつだ

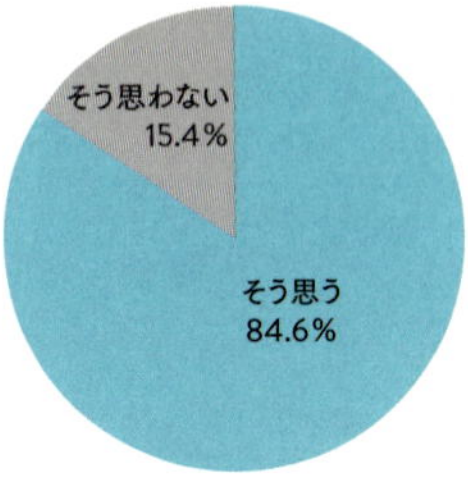

そう思わない
15.4%
そう思う
84.6%

出典：電通若者研究部（ワカモン）
「若者まるわかり調査2015」（2015年2月実施）
東阪名15-29歳男女 N=3,000

他人から自分が
どう思われているかが気になる

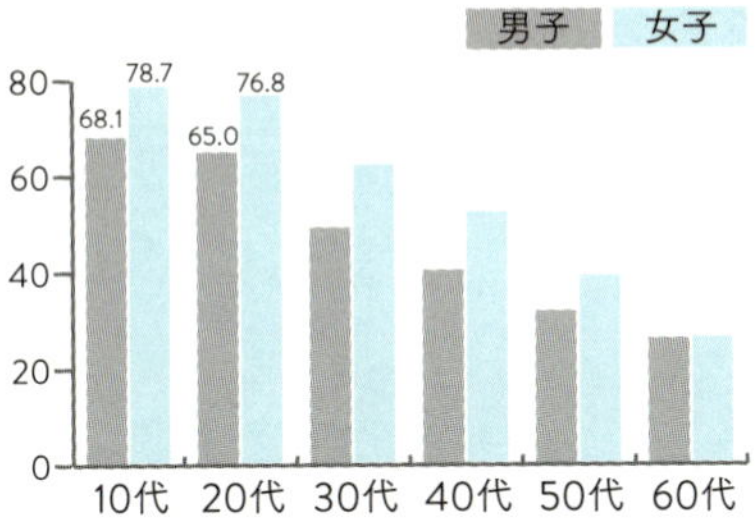

男子
女子
80
60
40
20
0
68.1
78.7
65.0
76.8
10代
20代
30代
40代
50代
60代

出典：電通「d-camp」
（生活意識・意識や行動・2012年6月）
全体12-64才 男女約4300s

［図13］他人の目を気にする若者

人より目立ちすぎてイタイ奴と思われたくない。まったく目立たないのは嫌だけれど、叩かれるくらいだったらほどほどでいい。

これはある20代の若者の発言ですが、この言葉の背景には、昔よりも多くの他者の目にさらされている情報環境があります。そして、そのなかでうまくやっていくために、彼らは嫌われないコミュニケーションを大事にしているのです。

複数のキャラやアカウントを使いわけ

いまの若者のコミュニケーションにおける特徴として「自分のキャラクターの使い分け」があります。2章で解説したクラスターは、1人の若者を1人の個人として、10のパターンに分類したものであり、ここでいうキャラクターは、1人の若者が自分のなかでどのようなキャラクター（特徴）を使い分けているか、ということを意味しています。

ワカモンの調査では、「ふだんの生活で使うことのあるキャラは？」という問いに対し、高校生では平均で5・7キャラ、女子高生にいたっては6・6キャラという結果になりました【図14】。たとえば、学校のクラスでは「元気キャラ」でも、いつものメンバーのあいだでは素を出せるから「毒舌キャラ」、また、好きなアイドルについてつぶやくためのTwitterアカウントでは「ミーハーキャラ」といったように、所属するそれぞれのコミュニティに合わせて「見せる自分＝キャラ」を使いわけています。

「複数の自分のキャラを使いわける若者」と聞くと、大人は「うわ、めんどくさいね」とか、

	高校生	大学生	20代社会人
	5.7キャラ	5.0キャラ	4.0キャラ
男子	4.9	4.2	3.2
女子	6.6	5.8	4.8

出典：電通若者研究部（ワカモン）
「若者まるわかり調査2015」（2015年2月実施）
東阪名15-29歳男女　N=3,000

［図14］ふだんの生活で使うことのあるキャラ数（平均）

「器用だねぇ」とか、「いまどきの若者は自分がないのか…」といった反応をしがちです。しかし、SNSに囲まれた現代の若者にとって、このキャラの使いわけは大事な技術で、特有のコミュニケーションテクニックなのです。

なぜ彼らはキャラを使いわけるのか？　それは、人間関係が切れなくなり、つねに誰かとつながっている状態だからこそ、たくさんの他人、たくさんのコミュニティに合わせてキャラを使いわけたほうが、コミュニケーションが円滑に進むからです。

キャラは、相手に自分を認識してもらうための「タグ」でもあります。たとえば、ひとりぼっちでいる自分のことを「ぼっちキャラ」と称して「自分、ぼっちキャラなんで（笑）」といってみたり、わざわざ一人でいることを「ぼっちなう」とTwitterでつぶやいたりする若者も少なくありません。

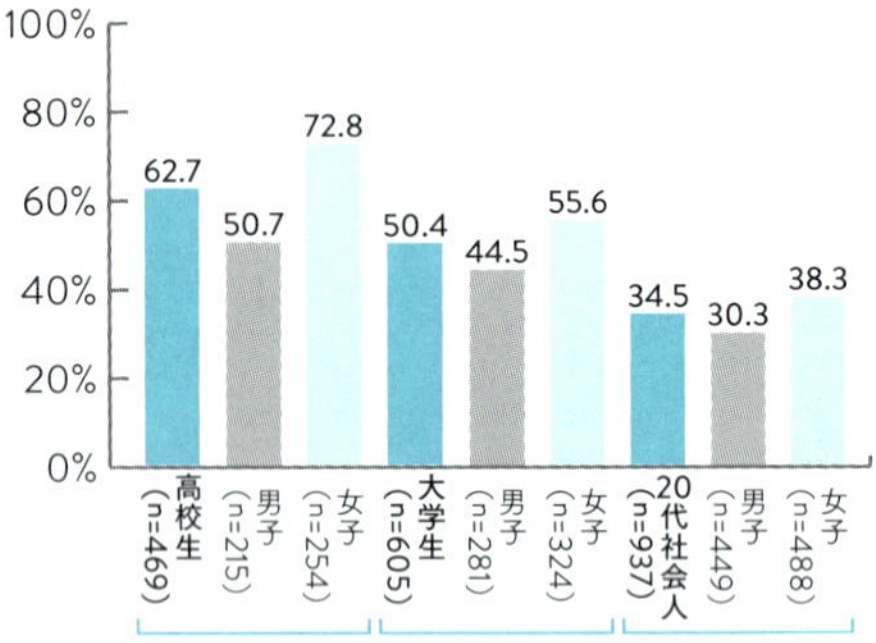

平均個数	Twitterアカウント数
高校生	3.1個
男子	2.7個
女子	3.4個
大学生	2.5個
男子	2.6個
女子	2.5個
20歳代社会人	2.7個
男子	2.8個
女子	2.6個

［図15］Twitter複数アカウント所有率／平均個数

※Twitter登録者ベース

出典：電通若者研究部（ワカモン）
「若者まるわかり調査2015」（2015年2月実施）
東阪名15-29歳男女　N=3,000

これらの発言のポイントは、ぼっちという「キャラ」をあえてアピールしている点にあります。自分がいま、ひとりぼっちであることをまわりに示して、ポジションを少し下げることで、まわりの共感やツッコミを得やすくする効果を期待している、と読み取れます。

キャラの使いわけと同じように、Twitterの使い方でも、「複アカ」＝複数アカウントの併用が当たり前になっています。「若者まるわかり調査２０１５」では、「Twitterに登録している高校生の３人に２人（62・7%）、大学生でも2人に1人（50・4%）が複数のアカウントをもっているという結果になりました。アカウント数でいうと、高校生は平均３・１個、大学生で平均２・５個。使いこなし度の高い女子高生では、平均３・４個という数字です［図15］。

まず、「本アカ」と呼ばれるメインのアカウントがひとつ、趣味やスポーツなど、好きなことを思いっきりつぶやくアカウントがひとつ、そして愚痴を吐いたり、毒をつぶやくためのアカウントがひとつ、といった具合に使いわけます。普通に考えたらとても面倒ですが、そこまでしてキャラやアカウントを使い分ける理由は、次のような発言に表れています。

フォロワーの興味がない話題をつぶやきまくって、相手のタイムラインを埋めると悪いなぁって。

アップしたい写真がたくさんある場合は、相手のタイムラインを埋めると悪いので、コラージュして1枚にまとめます。

これまでお話ししてきたとおり、他者の目を気にして、人とうまくやっていくことを重視する彼らは、Twitter上ですら、他人への気遣いをものすごく意識しているのです。**若者が複数のキャラやアカウントを使いわけるのは、いまのコミュニケーション環境に適応するための一種のテクニック**だといえるでしょう。

自分の意見をはっきり言うのは、〝わたし的に微妙〟

「KY（空気が読めない）」という言葉がユーキャン新語・流行語大賞にノミネートされたのは2007年のことです。そのころから、**「空気を読む」という暗黙のルールが言葉によって可視化され、現代を生きていくための必須スキルになった**といえそうです。前述の「出る杭になって打たれたくない」若者にとっては、このスキルがとても重要になります。

文化庁の2014年「国語に関する世論調査」によると、断定を避けるようなぼかし表現として「わたしはそう思います」を「わたし的にはそう思います」という言い方をすることが「ある」と答えた割合が、1999年に全体で8・5％だったスコアが、2014年では19・9％と約2倍になっています。注目したいのは、20代のスコアです。同じ1999年では18・6％だったスコアが、2014年では47・0％に上昇しており、若者の約半数が使っている計算になります。また、良いか悪いかの判断がつかないときに「微妙」と答えた割合は、同じく20代で、89・0％から97・0％にまで上昇しています【図16】。

■「わたしはそう思います」を「わたしは的にはそう思います」と言う

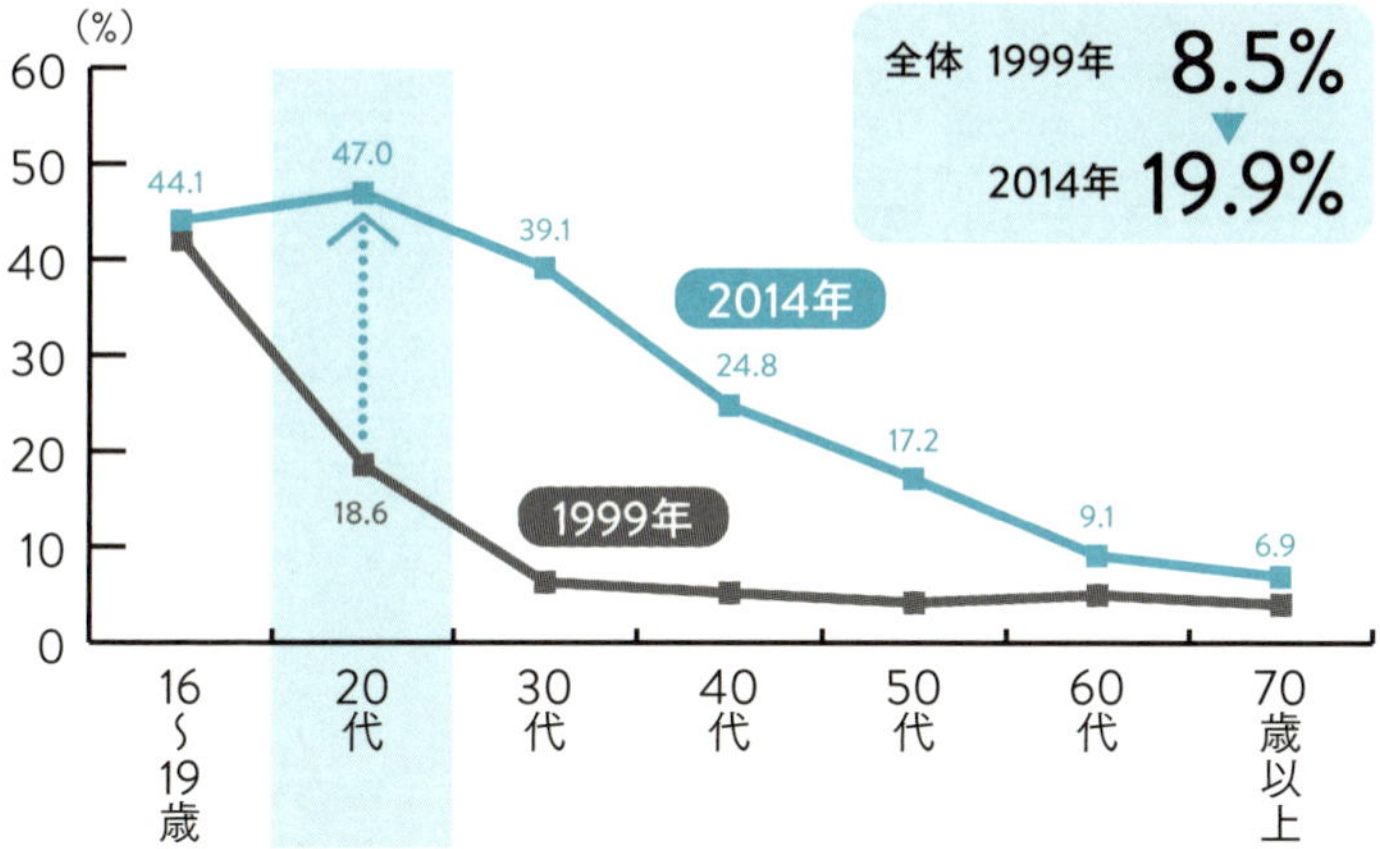

(%)
60
50
40
30
20
10
0
全体 1999年 8.5%
2014年 19.9%
44.1
47.0
39.1
24.8
17.2
9.1
6.9
18.6
2014年
1999年
16〜19歳
20代
30代
40代
50代
60代
70歳以上

■いいか悪いかの判断がつかないときに「微妙(びみょう)」と言う

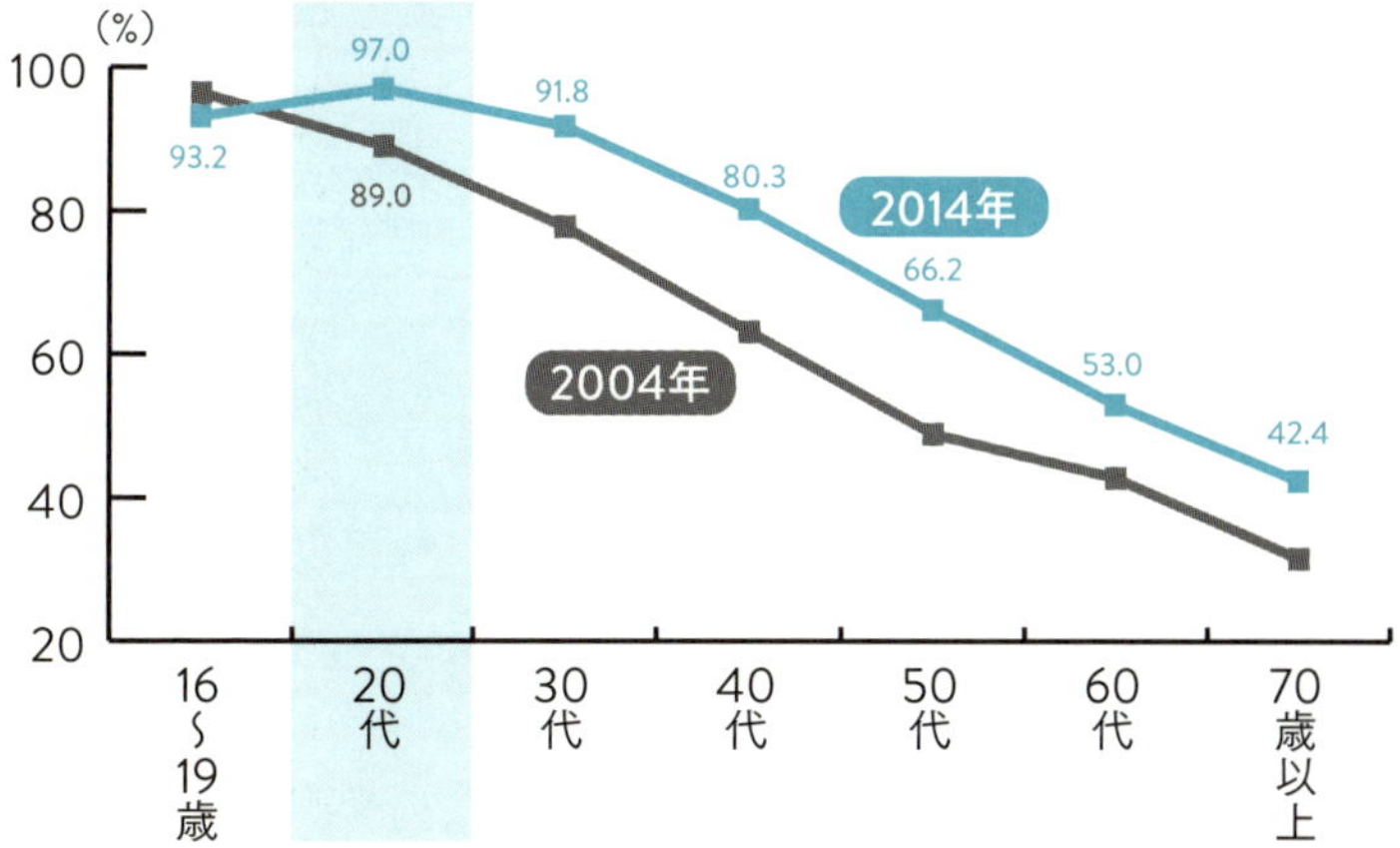

(%)
100
80
60
40
20
97.0
91.8
80.3
66.2
53.0
42.4
93.2
89.0
2014年
2004年
16〜19歳
20代
30代
40代
50代
60代
70歳以上

出典:文化庁　平成26年度「国語に関する世論調査」

[図16]表現をあいまいにする若者

いまの若者はその場の空気を読んで、相手の様子を見ながら〝ぼかし言葉〟を使います。彼らと話していて「はっきりしないなあ」と感じた経験がある方も多いのではないでしょうか。それは、はっきりと自分の意見を表明することによって、叩かれたり否定されたりすることを避けるために必要な若者特有のコミュニケーションテクニックなのです。

ここでは、ネット、ケータイ、スマホなどの外的環境＝ハード面の変化が、他者とのつながりの量と範囲を拡大させ、得られる情報量が何倍にもなり、それらが若者の価値観というソフト面の変化にもつながっていることを見てきました。

3つめの「情報環境の変化」の「波」から読み解ける価値観のキーワードは、「正解志向」です。大切なのは、自分がどう思うかよりも、まわりがどう思うかという他者目線。溢れる情報のなかから、まわりの「正解」をさがして、そこからあまり外れない言動を選ぶという特徴が強くなっているのです。

千のアカウントを使い分ける若者!
ゴゴゴゴ
複アカの神、降臨だ!!
けしてありがたみはないけれど!!

3-5

WEの時代

いまの若者たちが大事にする価値観

3章では、いまの若者たちがどのような時代をくぐり抜けてきたのかという成長背景について、「3つの変化の波」という視点で説明してきました。

変化の波① 継続する不況と将来の不安 → 身の丈志向
変化の波② 人口減少と教育の変化 → 競争よりも協調
変化の波③ 情報環境の変化 → 正解志向

生まれた時代の価値観や空気がそのまま刷り込まれ、学習して育つのが若者だとしたら、上の世代から見ると少し奇異に見えるかもしれない言動や振る舞いは、時代の移り変わりに伴う価値観や欲望の変化を表したものかもしれません。

いまの若者が育ってきたこの20年はどんな時代だったか。３つの変化の「波」から振り返ると、長引く不況や将来への不安、人口減少や教育の変化、情報化社会の急速な進展がありました。

時代が変化した結果、いい大学へ行って、いい会社に入って、いい車に乗って、結婚して、出世して…という、かつてのロールモデルは消失し、社会として〝目指す方向性〟が曖昧になり、各人が自己判断で自分の方向性を選ぶ時代になりました。

つまり、まわりと比べようと思えば、いくらでも比べられてしまう時代であり、なんとなく正解っぽい答えがすぐ手に入ってしまう時代であるともいえます。そのなかで、いちばん迷ってしまうのが若者です。「急に自由にしてもいいよって言われても…」と悩み、上の世代としても「大人はかくあるべし」と胸を張って若者に生きる道を示しづらい状況になったのです。

情報量や物質的な豊かさ、消費の選択肢、つながりの量と範囲などが拡大・増加する一方で、同世代の人数が減少し、金銭的な豊かさや将来への期待、日本という母体に対する安心感がもてなくなってきています。そうした環境のなか、**若者のマインドは若さゆえの「リスクテイク」から、「リスクヘッジ重視」へとシフト**しました。

この不安定な世の中を、自分ひとりの力で生きていくのは大変だから、競争するよりも〝協調〟路線で、まわりの仲間と一緒にうまくやっていく。そのために、自分よりまわりがどう思うかを気にしなければならない。**私たち（WE）がどう思うかが価値基準であり、「WEの時代」に生きているのがいまの若者像であるとワカモンは考えています**［図17］。

ここで考えなくていけないのは、いまの若者たちは、「本当はどうありたいのか？」ということです。そこに、若者ときちんと向き合うための本当のヒントが隠れています。4章では、さらに若者の「本音」について掘り下げていきます。

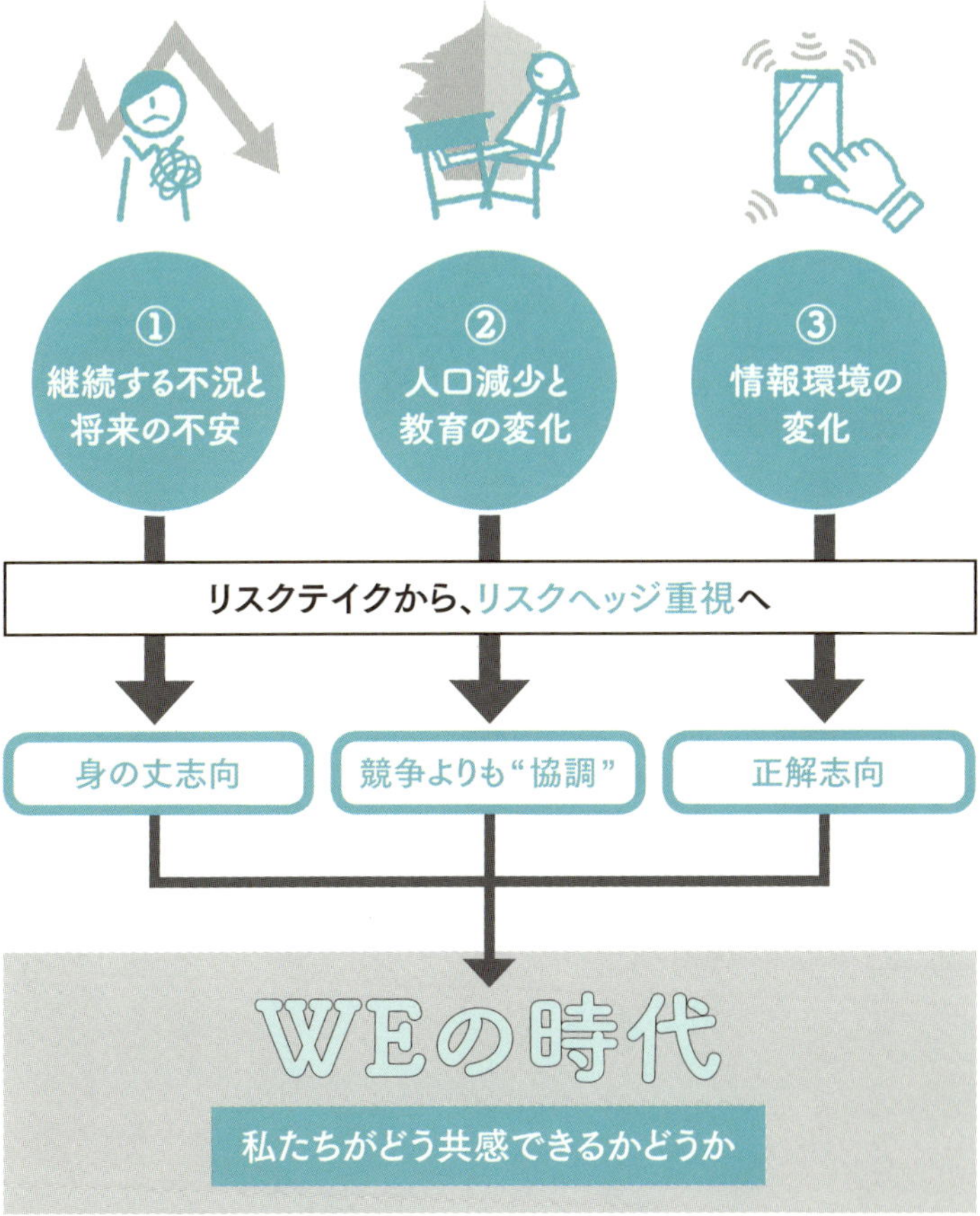

[図17]WEの時代に生きる若者たち

ここだけ読めばざっくりわかる！

3章のまとめ

●若者を理解するには、表面的な行動だけではなく、価値観を育んだ時代背景・成長背景を知ることが大事である。

●いまの若者たちは3つの変化の波にさらされるなかで、価値観が育まれた。

変化の波① 継続する不況と将来の不安 → **身の丈志向**

変化の波② 人口減少と教育の変化 → **競争よりも〝協調〟**

変化の波③ 情報環境の変化 → **正解志向**

●社会全体で目指すべき方向性が曖昧になり、各人が自己判断で自分の方向性を選ぶ時代になった。こうあるべき、というロールモデルが消失したことで、若者は迷いがちになっている。

●リスクよりも安定。**リスクテイク**から**リスクヘッジ重視**へ。
●その結果、個よりも集団に価値基準の重きを置く「**WEの時代**」に生きている。

教えて、松岡さん。

自分らしく生きるには？
若者と大人が仲良く生きるには？

電通若者研究部代表
吉田将英
×
女優
松岡茉優

取材・文：松山響（Playce）

現在21歳の女優・松岡茉優さん。10代のころから芸能界で多くの大人たちと関わりながら、「自分らしさ」を発揮して活動の幅を広げ続けています。そんな松岡さんとのお話から、いまの若者がリアルに感じていることとは何か。そして大人は、そんな若者たちとどのように向き合えばいいのか。若者研究部代表の吉田将英がそのヒントを探りました。

「私は私であるだけでいい」と信じる勇気

吉田（以下、吉）：今回、松岡さんに話をお聞きしたいと思ったのは、さまざまな場所で、「私＝I」をちゃんともって、大人とも分け隔てなく関わりながら活躍されていることが非常に印象的だったというのと、なによりも心に響いたのが、松岡さんの「私が私であるだけでいい」というモットー。今の若者には、彼らが育ってきた時代背景や周りが見え過ぎる情報環境が原因で、「自分らしさ」を肯定できない人が増えています。松岡さんも若者の一人でありながら、どのようにして「私が私であるだけでいい」という考えに至ったのかが気になります。

松岡（以下、松）：私も昔から周りのことを気にするタイプです。なかなかオーディションに受からなかったころは、人から「髪を切った方がいいんじゃない？」と言われたらすぐに美容室に行きましたし、主演が決まったときさえ、「どうして私なんかが」と思い悩むことがありました。実は、今も自分に自信があるわけじゃないんです。でも、ありのままの自分を選んでくれる人がいるのに、後ろ向きなことを考えるのはすごくもったいないと思うようになって。自分を信じてくれる人のためにも、「私がいい！」と思い込むようにしているんです。

吉：松岡さんと同世代、もしくはもう少し若い方だと、みんなSNSをやっていて、自分の一挙手一投足が周りからどう見られているのか、周りが何をしているのかを気にしてしまう傾向にあります。その感覚は理解できますか？

松：わかります、わかります。とくに中学生のころは、グループの輪から外れないようにいつも気を使いながら行動していました。今も根底は変わっていないし、誰からも嫌われたくないです。だからこそ、あえて自分を信じ込むようにしています。「私が私であるだけでいい」はおまじないのような言葉ですね。

吉：そうなんですね。たとえば、大学でスポーツを一生懸命やっている子が、知り合いたちが企業のインターンシップにたくさん参加しているようすをSNSで見て、「こんなことやってていいのかな…」と自分を疑ってしまうなど、「比べすぎ病」な若者に出会うことが多いのですが、松岡さんもそういった思考が頭をよぎることはあります？　たとえば、同世代の女優さんと自分を比べちゃうとか。

松：昔はよくありました。高校生のときに何度も何度もオーディションに落ちて、「なんであの子は受かったんだろう？」って悩んで、メイクやファッションをまねしてみたり。でも、途中から自分にうそはつけないと思って、好きな服装、好きなメイクで臨むようになりました。その時からですね、順調にお仕事を頂けるようになったのは。

吉：ありのままの自分が認められることほど、うれしいことはないですよね。

松：はい、「こっちでいいんだ」って。同世代にアツい人はたくさんいるし、私に似ている人もいるけれど、私は一人しかいない。だから、周りに合わせる必要はないんです。「こんな私にだって選ばれる理由があるはずだ！」という根拠のない思い込みを続けているうちに、最近は自分と他人を比較することはほとんどなくなりましたね。

不安や迷いにフタをして、一歩を踏み出す

吉：ところで松岡さん。お昼ごはんってすぐに決められます？

松：決められます。食べたいものを食べます（笑）！

吉：よかったです（笑）。同世代の子たちの中には、ネットの情報を見ないとお店を決められない人もけっこういるんです。あるいは、ピンと来たお店に入ったとしても、料理を待っている間にネット上の評判を調べちゃって、その点数の低さにものすごく不安になるとか。スマホでいつでも情報を探せる環境は便利な一方で、人によっては好きやおいしいという自分の感覚を、常に客観性と照らし合わせなきゃいけないことに息苦しさを感じる場合もあります。

松：私は、自分がいいと思ったものについては疑いません。好きなアイドルグループが有名ではなくても、確実にこの子たちが一番ですって言い切れます。おいしいと思った食べ物が不評だったとしても、「みんなが間違っている。私の舌が正しいのだ！」って（笑）。

吉：ステキです（笑）。もう少し大きな話で言うと、若者が大学入試や就職といった人生の岐路を選択するタイミングで、「情報が多過ぎて、本当に自分が好きなことが何なのかわからない」「好きなことを信じ切る自信がない」という悩みがあるとよく聞きます。松岡さんは好きなことを仕事にされていると思いますが、そういった迷いを断ち切る秘訣はあるのでしょうか？

松：お芝居が好きな気持ちはずっと変わらないけれど、仕事なのでうまくいかないことや、リズムが狂うことも当然あります。大学にしろ、どんな職業にしろ、好きな気持ちだけではうまくいかないこともあると思うんです。だからこそ、自分の心が少しでも動くものを信じ込むことが大切なのかなって思っています。数ある選択肢を悩み続けるのではなく、心が動くものをひとつ選んで、とりあえず動く。私はそうしてきました。

吉：迷っているよりは、進んだ方がいい？

松：はい。私が大学に進学せず仕事に専念することを決めたとき、父に「周りのみんなが大学に行っている4年の間に芽が出なかったら、大学に行きなさい」と言われたんです。そのときは、「はい」と返事しましたが、自分の中では4年間で芽が出ようが出まいが、仕事を辞めるつもりはまったくありませんでした。ときには、自信や根拠がなくても前に進む勇気が、人生を変えるきっかけになることもあります。あえて、自分の心に自分でフタをするというか。

吉：不安や迷いにフタをするということですね。情報に対しても？

松：はい。いろんな情報や選択肢があったとしても、「これ！」という確信をもつことで前に進めたことが私にはありました。ちょっとでも心が動いたものについて、めちゃめちゃ心が動いたことにして（笑）。進んでみて違うと思ったら、また戻ればいいんです。

吉：いつの時代の若者も人生の岐路で迷うことはあると思うのですが、今の若者は本当にたくさんの情報を浴びて、たくさんの選択肢をもっていますよね。3個の中から選ぶのと、30個の中から選ぶのとでは感覚が違います。だからこそ、多数の選択肢や情報をシャットアウトする時間が重要ですよね。最近、「デジタル・デトックス」という言葉もあるぐらい。ホテルや旅館に行ってスマホをフロントに預けちゃうとか。

松：そんな言葉があるんですね！　でもちょっとわかります。

吉：便利さとの向き合い方というか、テクノロジーとの距離感について考えてみることも、自分を信じるためのヒントになりそうですよね。

ゆとり世代だって、ついていく大人を選ぶ

吉：ちなみに、松岡さんはどんな大人が好きですか？

松：難しいですね（笑）。仕事の話になってしまうのですが、私が尊敬できるのは宝くじが当たっても仕事を辞めないような人です。

吉：お金ではない何かで動いている人？

松：そうですね、運命というか。本当に仕事が好きで、一生逃れられないぐらいの勢いで仕事をしている人たちから、とてもいい刺激を受けています。

吉：それはある意味、松岡さん自身、宝くじが当たっても辞めない仕事を見つけたということでもありますね。全人類がそういう気持ちで仕事に臨めたら理想的かもしれないですが、そうではないにしろ、進路に迷っている若者が自分の運命だと思えるものに出会えるチャンスを、少しでも増やしていけたらいいなって僕は思います。

松：そうですね。いろんな生き方があっていいと思うのですが、いま私がやる気に満ちていてガツガツしているので、そういう人たちに憧れているのかもしれません。

吉：ちなみに、僕の父は仕事が好きじゃない人間でした。家族を養うために働いているのであって、自分の仕事に愛着はないのだと。そんな父の価値観を若いころはよく理解できませんでしたが、大人になって話してみると、父の人生の目標は仕事ではなく、家族を支えることだとわかったんです。好きを仕事にすることが必ずしも正解なのではなく、人生の目標やプライドの置き場所によってさまざまな仕事のカタチがあっていいんだなぁと思いました。

松：確かにそうですね！　私は家庭をもっていないし、家族を支えるということが想像もつかないけれど、そういうプライドのもち方も立派ですよね…。いま、私はすごく感銘を受けましたよ！

吉：よかったです（笑）。このように大人にもいろんな価値観や考え方があるのと一緒で、若者にもいろんな人がいますよね。でも、つい大人は「近頃の若いやつは」「これだから、ゆとりは」とひとくくりにしてしまう。逆に若者は、「おじさん」などの塊で見てしまう。僕たち日本人はとくにそうかもしれませんが、歳が違う人たちと上手に対話ができていない気がするんです。

松：よくわかります。私は年上を敬う日本人の性質が大好きなので、それを廃したいとは思いません。でも、年功序列が美徳になり過ぎるともったいないですよね。たとえば、現場でも年配のスタッフが一番指導力をもっているのは確かなんですが、新しいことにチャレンジする局面では、若い人の意見が新しいものを生み出す可能性もあります。そういうときに無視することなく、耳を傾けてくれる大人はやっぱりステキだと思います。もちろん、年上に対するリスペクトは欠かしません。でも、ゆとり世代だって、ついていく大人は選んでいますよ（笑）。

吉：それはけっこうドキッとするメッセージですね（笑）。

松：基本的に私は、生きてきた人の年輪にはかなわないと思っていますけどね。いまはネットでどんなことでも調べられるけど、実際に体験した人の言葉にはまったくかないません。若い人によくあることですが、ネットで得た情報をさも自分が体験したことのように発信してしまうのは怖いですよね。

吉：確かに、ネットの普及で情報量の年功序列は崩れつつありますが、その情報を冷静に精査しないと、いわゆる「知ったか」になってしまう。

松：そう、私自身がそれをしてしまいがちなので、本当に怖いです。だから、実際に体験した大人の意見をもっと聞きたい、それこそもっと対話をしていきたいですね。

「大人VS若者」ではなく、思いやりでつながる

吉：以前、電通若者研究部で松岡さんと同世代の俳優さんと対談させていただいたことがあったのですが、くしくも松岡さんとの共通点をよく感じます。彼女も自信に満ちあふれているわけではなく、迷いながら、悩みながらも、とにかく動いてみる。たとえばネットで批判されても、「確かにそうだな～」って思いながら進んでいくような人なんです。少し上の世代は「うるせぇ」とマッチョに突き進む人が多いイメージですが、松岡さんたちの世代の、情報や周りの目との向き合い方は、受け止めてしなやかに

流すような柔軟さがある気がしました。

松：そうですね。石つぶてに当たって「痛っ、痛っ」ってなりながらも進んでいく感じ。石は当たったらやっぱり痛いですよ。でも一方で、「確かにな〜」と思うこともあります。そこはネット世代というか、ネットの面白さも怖さもたくさん知っている世代ならではの特徴なのかもしれません。

吉：ところで、松岡さんはどんなおばさんになりたいですか？

松：私は名前に「優しい」という字を入れてもらったので、その名に恥じない人間でありたいと思っています。今は、仕事でも自分の役やシーンばかり考えてしまうけれど、いつか尊敬する女優さんや先輩方のように、常に思いやりと優しさをもって現場に臨めるような、そんな人になりたいです。

吉：素晴らしいですね。若くして社会と関わりながら、たくさんの大人と接してきたと思いますが、大人からもらった言葉で、今の人生にも影響していることはありますか？

松：山寺宏一さんから、「思いやりのある人になってください」と言われたことが、何度も何度も心に響いていますね。思いやりって、押し付けじゃなくてその人を思った上での行動ですよね。愛情と似ていて、誰にでもできることだと思うんです。大人に対しても、そうありたいですね。先ほどおっしゃっていたように、「なんかおじさんたち」というくくりが確かに私たちの中にはあって、向こうは向こうで「なんか若者たち」っていうくくりがある。でも、本当は同じ人間。人間だから、悪いところもあれば、いいところもけっこうある。だから、思いやりをもって接することができれば、少なくとも日本人どうしは言葉が通じるのだから、仲良くできるはずだと思うんです。

吉：そうですよね。いま、目に見える「いいね！」という評価が重要視されつつある世の中だからこそ、「いいね！」という評価を超えた存在である、目に見えないことも含めた「思いやり」の大切さを再認識すべきです。

松：思いやりは無償の愛ですからね。

吉：人口ピラミッドを見ても、日本はこれからおじいちゃんとおばあちゃんがどんどん増えていくことがわかります。それは無条件で悪いことだとは思わないし、そのような社会ならではの豊かさがあると、僕は思います。でも、「大人VS若者」という対立関係で考えてしまうと、どうしても少数派の若者が生きにくい世の中になってしまいます。そのような対立関係ではなく、お互いが思いやれる関係が築けるといいですよね。

松：年配の人たちが若者の幸せを考えて、若者が年配の人たちの幸せを考える。そんな関係が築けたら素晴らしいですね！

松《まつ》岡《おか》茉《ま》優《ゆ》

1995年2月16日、東京都生まれ。

2008年、テレビ東京『おはスタ』でおはガールとして本格的デビュー。2012年映画『桐島、部活やめるってよ』、2013年NHK連続テレビ小説『あまちゃん』などで注目され、2015年にはフジテレビ『She』でドラマ初主演、TBS『コウノドリ』ではヒロインを務めた。俳優業のほか、バラエティやJ－WAVE『AVALON』の月曜日ナビゲーターなど多方面に渡って活動している。

近々の作品としては3月・4月二部作連続公開の映画『ちはやふる』（若宮詩暢役）、4月からテレビ東京「その『おこだわり』、私にもくれよ!!」（主演）、6月からNHKドラマ「水族館ガール」（主演）、7月からNHK大河ドラマ「真田丸」（春・竹林院役）など話題作が続き、今後の活躍にもますます目が離せなくなっている。

今日はどうも
ありがとうございました。
こちらこそ。
ありがとうございました。

4章

若者は何を考え、何をしたいのか

4-1

「WEの時代」の自分らしさのあり方とは？

ここまで、「若者のこころの氷山」になぞらえて、「現象＝実際、若者は何をしているのか（2章）」、「環境要因＝どうしてそういう若者が出てきたのか（3章）」について見てきました。若者の成長背景にある「3つの変化の波」は、人生のロールモデルの消失、情報量や選択肢の増加、将来の不安の増大といった結果を生み出し、そのなかで若者のマインドは「リスクヘッジ重視」へと変化していきました。これらのことから、若者にとっての現代は「WEの時代」であることがわかったかと思います。

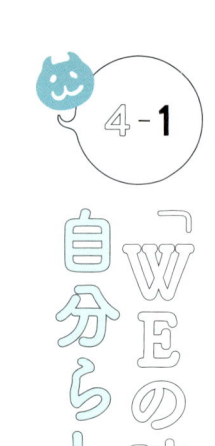

では、「現象」と「環境要因」のさらに深層にある、若者が行動や言葉に直接あらわさない、本当に求めていることは何なのか。4章ではそうした若者の「本質的欲求」の正体を紐解いていきます。

74ページで紹介した「クリスマス女子会」を例に、「こころの氷山」に当てはめて考えてみます。まず「現象」として見て取れるのは、「クリスマスにお揃いのコスプレをしてロンドンバスに乗る」という行動です。しかし、写真があえてブレていたり、コメントでは楽しさをそれほどアピールしていません。その背景にある「環境要因」は、「キメすぎた写真やコメントはイタいと思われるかもしれない」という、周囲のリアクションへの配慮です。なぜそのようにまわりを気にするのかは3章で説明した通り、「WEの時代」を生きているからです。では、結局のところ、彼女たちがこのような行動をとる根源的な「本質的欲求」は何なのでしょうか。さまざまな洞察ができると思いますが、たとえばそれは「クリスマスをリア充に過ごすことで、自分の人生に〝これで大丈夫〟という手ごたえがほしい」ということかもしれません。

これはあくまでも例としての思考実験ですが、こうした構造からもわかるように、**「本質的欲求」を洞察・理解できないまま「現象」と「環境要因」のみをよりどころに対話していては、「理解を示す」ことまではできても、その先の「新しい行動を促す」ことは難しい**といえます。通訳のマインドでたとえれば、「何を言っているのか」と「どういう経緯でそう言っているのか」がわかっても、「結局、この人は何をしたいと本音では思っているのか」がわからなければ、本当の意味でのコミュニケーションにならないというのと一緒です。

ワカモンでは、若者のこころのありようや構造を、**「ワカモンSEAモデル」**というオリジナル心理構造モデルを用いて整理し、実際の「若者と社会の関係性のデザイン」を考察しています［図1］。「SEA」とは、単に氷山や海のような心理構造という意味ではなく、「こころの氷山」のそれぞれの階層の頭文字になっており、**「本質的欲求＝Simple desire」「環境要因＝Environmental factors」「現象＝Attitude」**を表しています。さきほどのクリスマス女子会に当てはめると、次のように推察できます。

「S＝クリスマスの自分に人生の手ごたえを感じたい」
「E＝でもキメすぎるとイタいと思われるかもしれない」
「A＝控えめコメントやブレ写真で隙をつくりつつ、
コスプレとロンドンバスで充実感を楽しむ」

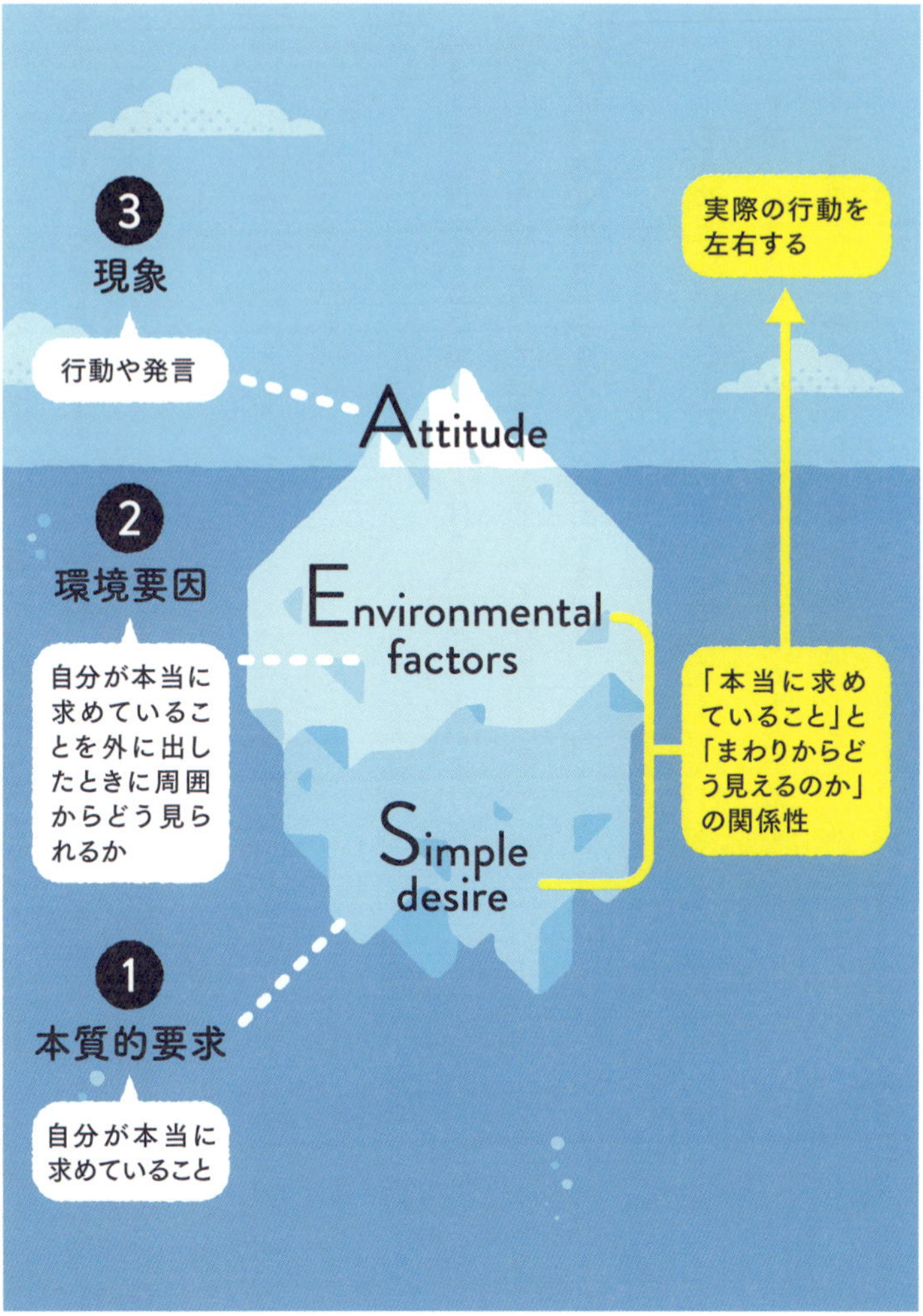

[図1]ワカモンSEAモデル

ポイントは、**海面の上の大人から見える順番（＝AES）と、若者本人が行動を決断するまでの流れ（＝SEA）が逆であり、結果として大人は「S」を見落としたり、くみ取れないことが多い**ということです。また、「S」がそのまま「A」として表出していることはとても稀で、「E」を通過してから「A」に表出してくることも、「WEの時代」という、周囲との関係性ありきの時代を生きている若者の大きな特徴かもしれません。もう少し、別の行動にもあてはめて見てみましょう。

「S＝本当はモテるに越したことはないと思っているけど」
「E＝モテたいと思っている、と思われるのは恥ずかしいから」
「A＝個性は小物でさりげなく演出する」

「S＝本当は彼女がいるリア充っぷりを知ってほしいけど」
「E＝あからさまにやるとイタいと思われるかもしれないから」
「A＝写真のアングルを工夫して醸し出す程度のアピール」

若者の行動の多くは、SEAモデルを使って考察することで、その行動に至った心の揺れ動きを構造的に理解できます。そうした理解がないまま「A」だけを見ると、これらの例でいえば「最近の若いやつは恋愛に興味がないのだろう」というような理解になってしまうわけです。

これらの事例からもわかるように、「A」を把握したり、新しい「A」に若者を促したりするうえで最も注目するべきは「SとEの関係性」、つまり「本当に求めていること」と「それをまわりがどう見るか」の関係性です。このふたつを必ずセットで考え、そのセットが若者にとって何を意味するのかを理解することが、本当の意味での対話に必要なカギとなります。なぜなら、**若者本人にとって「SとEの関係性」をどう定義していくかは、まさに「自分らしさとは何か」という、アイデンティティの形成そのもの**といえるからです。

変わらない若者、変わる若者

「SとEの関係性がAを左右する」、言い換えれば「どんな自分でありたいと思うかが、その人の行動を左右する」ということです。それは当然のことであり、この「SEAモデル」という心理構造は、いまの時代だけのものでもなければ、若者だけのことでもありません。しかし、3章でふれたとおり、いまの若者はとくに「E」の影響が大きい「WEの時代」を生きているという事情があります。そして、それ以上に大事なのは、「SとEの関係性」すなわち若者にとっての「自分らしさのあり方」が、時代によって大きく変容してきたという観点です。

私たちワカモンは、これまでさまざまな大人のみなさんの前で、「若者と大人のより良い関係性の築き方」について講演させていただきました。すると、大人の方のリアクションとして、次のような異なるふたつの声をよくいただきます。

いまの若い人たちは、我々のときとはまったく違うね。

いまの若い人たちも、我々のときと基本的には一緒なんですね。

一見矛盾するこれらの感想の正体は、「ＳＥＡモデル」の「Ｅ」にフォーカスするか、「Ｓ」にフォーカスするかによる違いなのかもしれません。**いまの若者は、昔と「変わらないし、変わった」**のです。

つまり、「Ｓ＝自分が本当に求めていることは何か」について、「Ｅ＝それをまわりがどう見るのか」との関係性の変遷に着目することで、いまの時代の若者の「自分らしさのあり方」が、それまでの時代とどのように異なるのかが見えてくるということです。その理解のために、まず日本における「自分らしさ」の変遷を振り返ってみましょう。

4-2

「世の中」と「若者」の関係性のこれまで

1945年の第二次世界大戦終戦を経て、今年2016年で71年。終戦時に20歳だった当時の若者は今年で91歳です。その間も約70年分の「20歳」の瞬間を重ね続けて、日本のいまの世の中は、かつての20歳、いまの20歳、そしてこれからの20歳によって形成されていると言えるでしょう。20歳というのはあくまで若者の象徴にすぎませんが、**誰もがかつての「若者」であり、あるいはこれからの「若者」だということ**です。まずは、かつての「若者」を3つの時代にわけて、「SとEの関係性」から形成される「自分らしさのあり方」を方向づけてきた、根本的な時代の欲求を見ていきます。

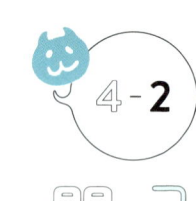

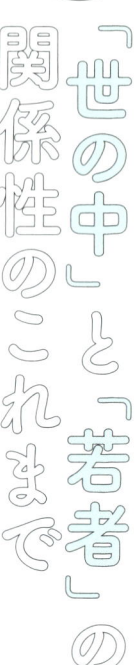

帰属欲求の時代［80年代以前］

戦後からしばらくの間、日本はモノの供給が不十分で、人の「欲しい」という感情は十分に満たされていませんでした。ゆえに、世の中が目指す〝豊かさ〟の提示に対して、その流れに置いて行かれたくない、豊かなほうに行きたいという思い（＝S）を多くの人々が共有していました。洗濯機、冷蔵庫、白黒テレビの３つが「三種の神器」といわれ、豊かな暮らしの象徴としてもてはやされた時代。**「みんなが欲しがるあれが欲しい」という、社会（＝E）が提示する西洋的な豊かさのなかに自分も属したいという〝帰属欲求〟が、SとEの関係性による「自分らしさのあり方」でした。**豊かさだけではなく、その時代の「自分らしさ」は多分に、なにに帰属するかによって担保されたり、あるいは縛られたりしてきたのです。「家柄」「土地柄」「仕事柄」など、〝柄〟という言葉で表現される帰属の母体の数々は、若者の「自分らしさ」の根拠になる一方で、足かせにもなっていたのかもしれません。

優越欲求の時代〔80年代〕

60年代、70年代の目覚ましい高度経済成長と二度のオイルショックを経て、80年代に入ると日本の経済発展は安定成長期に入ります。70年代までに形成されたといわれる一億総中流社会という意識からもうかがえるように、ある水準以上の〝豊かさ〟が一般化されたのが

80年代以降の日本の「E」です。それまでの時代にあった「モノが足りていない」という意識や、それゆえの「みんなが欲しがるあれが欲しい」という考え方は、少しずつ変容していきます。そして、その象徴ともいえる小説が大ブームを博します。

> どういったブランドの洋服を着て、
> どういったレコードを聴き、どういったお店に、
> どういった車に乗って出かけているかで、
> その人物が、どういったタイプの人物かを、
> 今の若者は判断することが出来るのです。
> 人は、年齢に関係なく、みな、そうした他の力を借りて、
> 自分自身を証明しているのです。
>
> 「なんとなく、クリスタル[6]（あとがき）」　田中康夫

1980年に、当時大学生だった田中康夫氏によって描き出された若者像。これを読むと、モノを「生活必需品」としてとらえるステージから、

6 なんとなく、クリスタル

1980年に政治家であり作家の田中康夫氏によって書かれた小説。東京に暮らす女子大生の生活を中心に、当時の流行、若者たちの行動や思考を描く。時代を象徴する本として反響を得て、売り上げは100万部を超えた。出版当時、田中氏は大学4年生。

自分が他人とどのように異なるのかを証明する「自己表現のツール」としてとらえるステージへの移行がうかがえます。『Japan as No.1』[7]という言葉に象徴されるように、80年代以前の、いわば西洋的な豊かさに対する「追うものの自分らしさ」から、世界有数の経済国としての「追われるものの自分らしさ」への変化ともいえるでしょう。国や経済が豊かに安定して久しくなったこの時代、**どこかに帰属するだけでなく、その先の「他人とどう異なるか」という〝優越欲求〟に自分らしさを求め始めた**といえます。自分らしさは「購入できるもの」になり、それがますます消費行動を加速させた時代です。

承認欲求の時代［90～00年代］

消費によって自分らしさを購入する「優越欲求の時代」は、90年代に入り、バブル経済の崩壊とともに変化していきます。長らく続いた経済の安定成長期は終わりを迎え、「平成不況」や「失われた20年」（88ページ参照）と呼ばれる時代へと突入していくのです。90年代に

7 Japan as No.1

1979年に社会学者エズラ・ヴォーゲル氏によって書かれた書籍。70万部を売り上げたベストセラー。戦後日本の経済成長の要因を分析し、高度経済成長をもたらした日本型経営を称賛した。同書のなかで筆者は「これから日本の時代が来る」と述べている。

始まる平成不況では、生活における「お金を使うこと」の位置づけが一変したといえます。ユニクロやプライベートブランド商品などのように、「安いものは粗悪なもの」という従来の常識を覆すような消費提案も、不況に順応する形で次々と登場しました。一方で、そうした消費の浸透は、「誰ももっていないものを購入して自分らしさを手に入れる」という価値観を後退させ、ファッションをはじめとする〝モノ主導の自分らしさ表現〟に対する執着を、良くも悪くも冷静に落ち着かせていったのです。

そうした「E」の大変化の結果、**自分らしさのあり方は「モノではなくて、コトで得る」という意識の変化が起こります。そして、そのもうひとつの大きなきっかけが、インターネットの登場**です。それまでの「所有するモノによって自分らしさを発露する」時代とは異なり、インターネットは人と人とのコミュニケーションをいつでもどこでも可能にする時代を切り開きました。写メールや絵文字、ブログ、のちにはSNSなど、多彩な表現方法が花開く過程で、単なる情報伝達を超えた「自分らしさを相手に伝えるためのツール」として、爆発的に普及していきます。これによって、わざわざ所有するモノを介さなくとも、自分らしさはダイレクトにコミュニケーションで伝えればよいという発想が一般的になっていきます。**「何をもっている人間か」ではなく、「何をしていて、どのようなコミュニケーションを取る人間か」**、そんなふうに自分らしさのあり方が変わった時代です。

そして、「相手」を前提としたコミュニケーションが中心になることによって、自分らしさのあり方も、世の中という漠然とした対象に向いた形から、〝内輪〟という人間関係のなかでどのように振る舞うかということに意識の力点が移っていきます。

若者の「〇〇キャラ」という言葉は、彼らが内輪のなかでの立ち振る舞いを相対的に強く自覚するようになったことの表れといえるでしょう。そして2007年の「KY」という言葉に象徴されるように、**内輪での「自分らしさのあり方」の確立が、「仲良く楽しく過ごす」というポジティブな側面だけでなく、社会生活を送るうえで欠かせないものになった**ことがわかります。「WE」という価値基準が台頭するようになった背景には、このような〝承認欲求〟を軸とした自分らしさの意識があるのです。

帰属、優越、そして承認。若者が社会との関係性においてどのように「自分らしさのあり方」を見出してきたのか、その変遷を見てきました【図2】。そして、2010年代のいま、自分らしさのあり方はどうなっているのでしょうか。

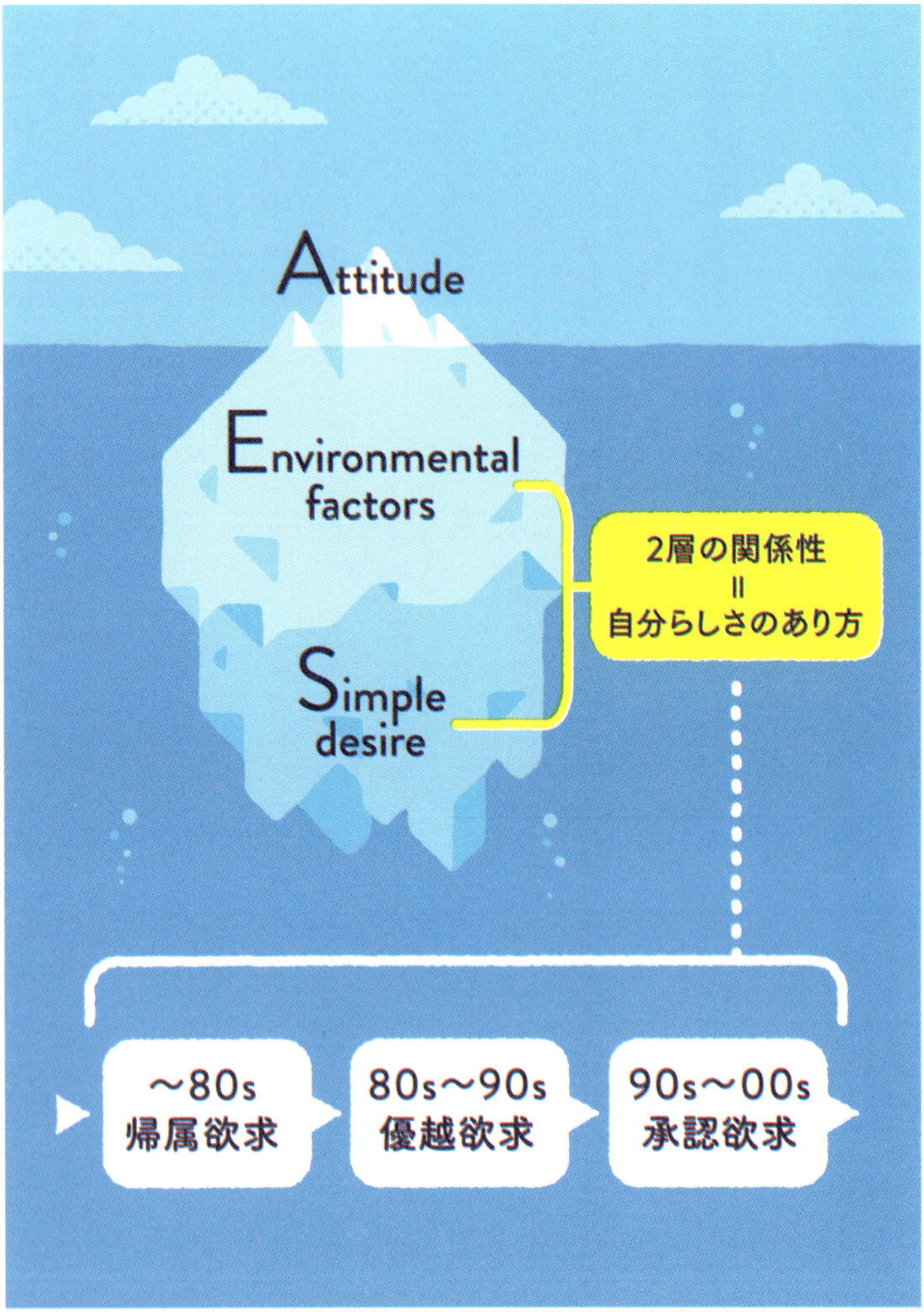

［図2］自分らしさのあり方の変遷

4-3

相対化されきった時代の「自分らしさのあり方」

２０１２年の直木賞受賞小説である『何者』[8]の一節に、就職活動に葛藤する若者どうしによる次のようなやり取りがあります。ＳＮＳ上での就職活動にいそしむ同世代のことを揶揄していた主人公に対して、友だちが放ったセリフです。

あんたは、誰かを観察して分析することで、自分じゃない何者かになったつもりになってるんだよ。（中略）自分は自分にしかなれない。痛くてカッコ悪い今の自分を、理想の自分に近づけることしかできない。（中略）そんな遠く離れた場所にひとりでいたって、何も変わらないよ。

「何者」　朝井リョウ

8 何者

2012年に朝井リョウ氏によって書かれた長編小説。就職活動をする大学生の人間模様を描いた。SNSを活用しながら展開するさまは、2010年代の若者の考え方やコミュニケーションの姿をそのまま描いており、同世代の反響を得た。

２０１０年代の「自分らしさのあり方」に対しての痛烈な示唆を含むこの小説は、時代の支持と共感を得ました。スマホ、ＳＮＳ上で内輪とつながって承認されてきた「自分らしさ」は、これからどうなっていくのでしょうか。

２０１０年代は、それまでの時代に輪をかけてつながりやすく、情報も日々洪水のように入ってくる時代です。コミュニケーションにおける自分らしさの表現方法も、LINE スタンプや写真加工系のアプリ、手軽に作成できるようになった動画など、まさに百花繚乱。画像投稿のひとつとってても、そこにさまざまなメッセージや意図が込められるようになったのは、２章でも紹介したとおりです。

また、内輪においてどのように自分を位置づけるかという意識の高まりから、２章で紹介したクラスターのように、若者の「キャラ」も多様化しました。〝個人が複数のTwitterアカウントをもつのが当たり前〟ということからもわかるように、**ひとりの人間のなかで複数の「自分らしさ」を並行してもつ感覚も一般的**になってきています。「裏表のある人」という言葉がありますが、もはや裏と表の２種類では語り切れない、「多面体な自分」を多くの若者がもっているのです。

> ## 9 おっさんレンタル
>
> 1時間1,000円でおっさんをレンタルすることができる、2013年に立ち上がったサービス。利用者はプロフィールを見ながらレンタル相手を選び、依頼者が望む内容を依頼することができる。一緒に食事をする、人生や恋愛相談するなどが代表的な依頼内容。

このように内輪における自分らしさのあり方が発展した一方で、気になるデータもあります。2015年のワカモンの調査では、「SNSをやめたいけど、やめられない」が41・6%、「正直、ケータイやネットがなかった時代がうらやましいと感じることがある」が42・3%と、**5人に2人の割合でいわゆる〝つながり疲れ〟意識が見受けられました**［図3］。

内輪における自分らしさに承認を得たいという意識とともに発展したはずのSNSやスマホが、逆に「内輪に合わせすぎ」という、自分らしさの空洞化を招いているのかもしれません。2014

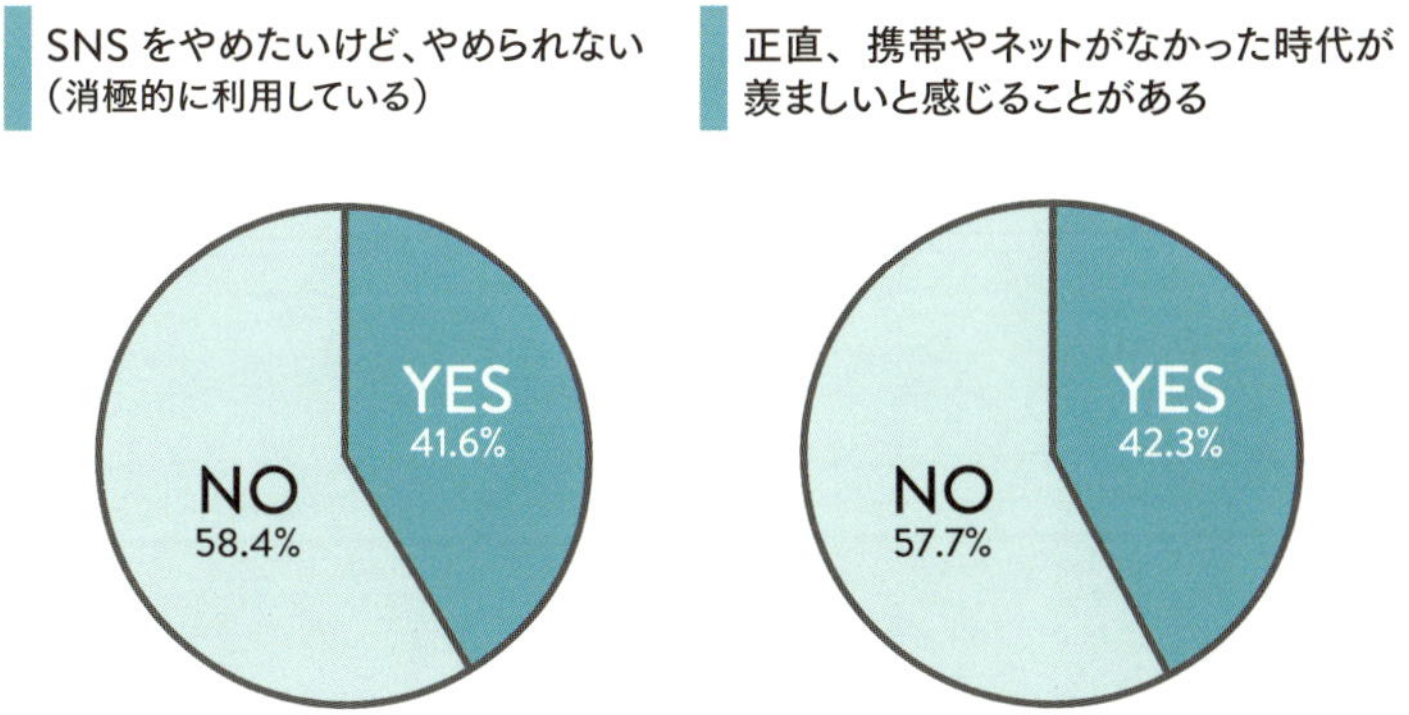

SNSをやめたいけど、やめられない（消極的に利用している）
YES 41.6%
NO 58.4%
正直、携帯やネットがなかった時代が羨ましいと感じることがある
YES 42.3%
NO 57.7%

出典：電通若者研究部（ワカモン）「若者まるわかり調査2015」（2015年2月実施）東阪名15～29歳　N=3,000

［図3］若年層のデジタルに対するネガティブ意識

年に話題になった「おっさんレンタル[9]」というサービスも、「自分の本当の悩みやホンネの相談ごとは、内輪の人間関係ではなく、利害関係の薄い〝内輪の外〟のほうがしやすい」ということの表れとして注目されました。

「総相対化」される世界

こうした2010年代の社会環境（＝E）を一言で表すならば、「相対化されきった時代」の幕開け、ということができるでしょう。絶対的なロールモデルの喪失、情報の洪水とつながりすぎる毎日によって、まわりと比べられ相対化される自分の一挙手一投足。コミュニケーションがほぼ飽和した状態では、より個が見えやすい内輪のなかであっても、自分の存在（＝S）すら、相対的な関係性に依拠するようになっていきます。

さらにこれから先の時代における「相対化」は、情報やコミュニケーションといった形のないものだけにとどまらないと言われています。グローバル化の波は日本のなかに日本人以外の人々が境目なく存在する時代をつくり、ITやロボット技術の発展は、多くの職業を人間から奪うかもしれません。国境や言語、国籍、地理的な隔絶など、これまで存在していた「絶対性を保つためのフェンス」がどんどん取り払われ、すべてが比較されてしまうような、人類史上類を見ないほどの**「総相対化」**の時代に突入していくでしょう。それはある意味、**もっとも「自分らしさのあり方」を確立し、それを保つのが困難な時代**ともいえるのです。もちろんこの変化は若者に限った話ではなく、すべての人にこれからますます大きな波として訪れます。そのなかでも、社会人としての肩書もなく、仕事を通じて社会に居場所をもてる実感をまだ得難い若者たちにとっては、とくに象徴的に突きつけられる困難となるでしょう。

前例、平均、一般論、セオリー……。社会が「幸せのものさし」をある程度提示してくれた時代が終わり、さらにそれらが総相対化によって意味を成さなくなりつつあるなか、目に見えない「ものさし」を気にしすぎることは、答えのない問いに向き合うような辛さがあるかもしれません。それによって、「どんなにまわりを気にしても、それだけでは自分らしさのあり方は見えてこない」という疲れが生まれていることも考えられます。そうしたとき、若者たちは心の奥底で「自分らしさのあり方」をどのように社会と関係づけたいと感じるのでしょうか。

本当は「I」が欲しい

改めて、戦後日本の「自分らしさのあり方」の変遷を整理してみます。

80年代以前

「E：西洋的な憧れの暮らしの明確な提示」×「S：豊かな暮らしをしたい」

＝「帰属欲求」が自分らしさのあり方の根本

80年代

「E：モノは自己表現のツールに」×「S：人と違う暮らしをしたい」

＝「優越欲求」が自分らしさのあり方の根本

90〜00年代

「E：モノからコミュニケーションの時代へ」×「S：内輪のなかに居場所がほしい」

＝「承認欲求」が自分らしさのあり方の根本

そして、2010年代。「E：総相対化される社会」が若者に突き付けている問いは、「幸せのものさしは、自分で定義するしかない」ということであり、つまり**「自分らしさは、帰属でも優越でも承認でもなく、〝自分の思うこと感じることをどれだけ肯定できるか〟で決まる」ということ**なのかもしれません。

これまでの欲求であった帰属も優越も承認も、関わり方は異なっていますが、他者ありきの比較の上に成り立つ「自分らしさのあり方」です。そしてその「E」が総相対化し、それに伴って画一的な「幸せのものさし」も溶けつつあるいま、若者が「S」で抱く深層の思いは「自分の思うことを肯定すること」だといえます。

本書の対談に登場していただいた松岡茉優さんの「私が私であるだけでいい」という言葉はまさに、総相対化される自分の存在をどのように肯定するか、という問いのひとつの答えでしょう。どんなに人と比べても、人より勝ろうとしても、際限ないほどにつながって相対化された社会において、それだけでは自分らしさにはたどり着けません。外に答えを求めるのではなく、自分の想いを肯定することが必要であり、松岡さんのように自分なりの肯定をもてた若者もいれば、そう思えずに悩みを抱える若者もいると思います。しかし、共通して根本に横たわっている**「自分らしさのあり方」への欲求は、WEの時代を生きてきた彼らだからこそ〝本当は「I」が欲しい〟という肯定欲求**だと、ワカモンは考えています。

考えてみれば日本は近代史上はじめて、「自分らしさのあり方」を内側から肯定することを求められているのかもしれません。帰属欲求の時代は「西洋文化」や「物質的な豊かさ」に属すること、優越欲求の時代は「人より金銭的、社会地位的に勝ること」や「人と異なる自分でいること」など、そこには必ず、「本人の〝外側〟に幸せのものさし」が存在していました。つまり、2010年代以降の総相対化社会で進行した「WE」を主語にした自分らしさのあり方によって、「かつてあったIが失われた」というわけではなく、「I」を規定していた外側の基準のほうが喪失しているのであり、「Iの肯定」は決して回帰の現象ではないのです。

大人が「最近の若い人は自分がない！」と感じるのは、「I」をもちにくい現代においてはある意味、事実だといえます。しかし、外側のものさしが有効な時代を生きていたかつての若者が、それに頼らず自分自身を内側から肯定できていたかというと、必ずしもそうではないでしょう。西洋文化への〝帰属〟、まわりの日本人への〝優越〟、内輪の人からの〝承認〟

と、自分らしさのあり方のよりどころが外側にあった時代を経て、**はじめていま「ありのままの〝肯定〟」という、〝まわり〟由来ではない自分を求められている**、そんな時代なのかもしれません。

それは、総相対化される世の中から目を背け、情報遮断から生まれる〝無鉄砲さ〟とは異なります。いまの若者は目の前にひろがる途方もないほどの情報とつながりに、疲れを感じながらも、それを日々当たり前のこととして自分らしく楽しみながら向き合っています。そのさまは、総相対化される社会とつながりを保ちつつ、その上でどのように「I」をゆるく肯定できるか、トライ＆エラーをしている姿ともいえます。ひとりよがりの無鉄砲でもなく、総相対化に振り回されるだけの自分らしさロスでもない、ある種の「ゆるさ」や力みのなさも兼ね備えたバランス感覚で、どのように「I」をもつべきか、悩みながら、そして楽しみながら模索しているのです。この時代の若者の「自分らしさのあり方」の根源には、**WEの時代を経たからこそ、「本当はIが欲しい」という肯定欲求が潜んでいる**と感じます。

私は個性的で目立つような性格ではないので、そのことにすごく悩んだ時期もありました。でも、悩んだらまずは試してみることが大事だと思うんです。殻を破るという意味で、自分を変えてうまくいく場合もあるだろうし、もし違うと感じたらまた戻ればいいですし。

これは2015年にワカモンが対談させていただいたある女優さん（取材当時22歳）の言葉です。前例やセオリーなど社会のものさしが失われていく時代だからこそ、周囲と相対化される自分の一面をしっかりと受け止める自分が大切であり、そして、まずはゆるやかにでも「自分のやりたいこと、自分らしさのあり方」を自分の内側から肯定することが大切なことなのかもしれません。**「I」をちゃんともったうえで、他者や社会とつながり、自分の居場所や自分らしさのあり方をしなやかにつくっていく、それが2010年代の若者の行動の根源にある欲求**であるといえるでしょう【図4】。

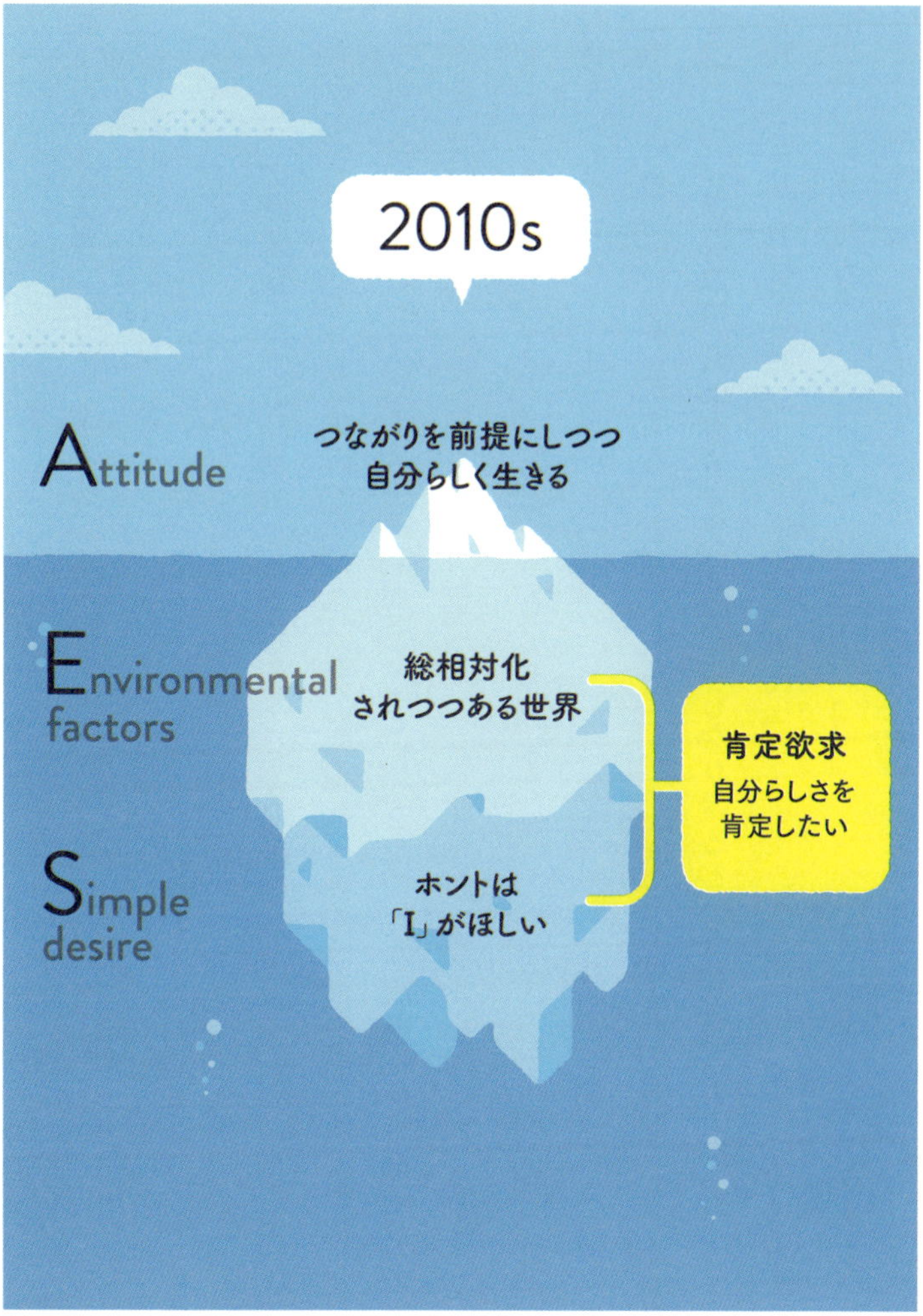

［図4］2010年代の「若者のSEAモデル」

4-4

「I」の先にある、いまの時代の〝若者らしさ〟

「SとEの関係性」である「自分らしさのあり方」が若者の「A」を左右し、それは、総相対化されるこれからの社会（E）においては、まわりを見て決めるのではなく、自らによって自分らしさを肯定したいという、肯定欲求で決まります。「E」を無視した無鉄砲でもなく、「E」を気にしすぎて自分を見失うのでもない、「I＝自分らしさへの肯定感」をもったうえで、まわりや社会とバランスを保てているかどうかこそが、大人や社会から見たときの若者像を左右しているといえます。

つまり、根っこにある若者らしさは同じだとしても、そこに**「Iへの肯定」があるか否かで、ポジティブな力にも、ネガティブな弱さにもなり得るということ**です。ポジティブな力として表出すれば、総相対化する未知の世の中をよりよい方向に導く大いなる可能性＝「前提打破力」になると、ワカモンは感じています。では、「Iへの肯定」をもてるかどうかで、若者らしさの発現の仕方がどのように変わってくるのでしょうか。

ワカモンでは、これまでさまざまな若者たちの想いや悩みを聞き、行動を観察して、実際の商品販促や新卒採用活動のコンサルティング作業などをお手伝いしてきました。そうした活動のなかから得た実感を検証し、浮かび上がってきた「よくいる代表的なタイプ」を、**同じ性質や価値観でも「Iのあるなし」で行動・発言（＝A）が180度変わる、という観点でまとめたものが『I』のあるなし 7つの分岐」という若者らしさのとらえ方**です。「Iへの肯定」のあるなしによって、若者らしさの姿を次の7つのパターンに分類しています。

「I」のあるなし 7つの分岐

①	「I」があれば→寛容性	「I」がないと→無関心
②	「I」があれば→客観性	「I」がないと→評論病
③	「I」があれば→素直さ	「I」がないと→盲信
④	「I」があれば→謙虚さ	「I」がないと→自信レス
⑤	「I」があれば→自由さ	「I」がないと→優柔不断
⑥	「I」があれば→協調性	「I」がないと→気にしい
⑦	「I」があれば→合理性	「I」がないと→頑固

あくまでも「若者は善か悪か」のような二元論で彼ら全員をまとめて見るのではなく、**若者らしさのポジティブな側面にスポットライトをあて、そこが活きるようにお互いの関係性を築くことが大事**なのではないかと考えます。そうしたことも念頭に置きつつ、7つのパターンを具体的にひとつずつ紹介しましょう。

7つの分岐① 関わり方

「I」があれば→「寛容性」

ワカモンの2013年の調査では、年齢が若ければ若いほど、セクシャルマイノリティの方とも抵抗なく接することができるという結果が出ました。これは、**マス的な文化や消費が溶け、「みんな違ってみんないい」と言われるなかで育ってきた若者特有の感性**でしょう。総相対化される社会を当たり前の前提として生きていくいまの若者にとって、この違いや多様性を認める力は、ダイバーシティ[10]という観点でも重要なポイントです。LGBT[11]フレンドリーな社会への進化や、多国籍化への順

10 ダイバーシティ

一般的には多様性(diversity)という意味だが、ここでは社会のなかにおける"多様性の受容"であり、会社における"多様な人材の積極的な活用"を指す。性別、年齢、国籍などの異なる多様な人材が互いを受容し合うことを目指す考え方。

11 LGBT

L=レズビアン(女性同性愛者)、G=ゲイ(男性同性愛者)、B=バイセクシュアル(両性愛者)、T=トランスジェンダー(性同一性障がいなど)の頭文字を取った単語。日本では2年ほど前からダイバーシティの考え方とともに広がっている。

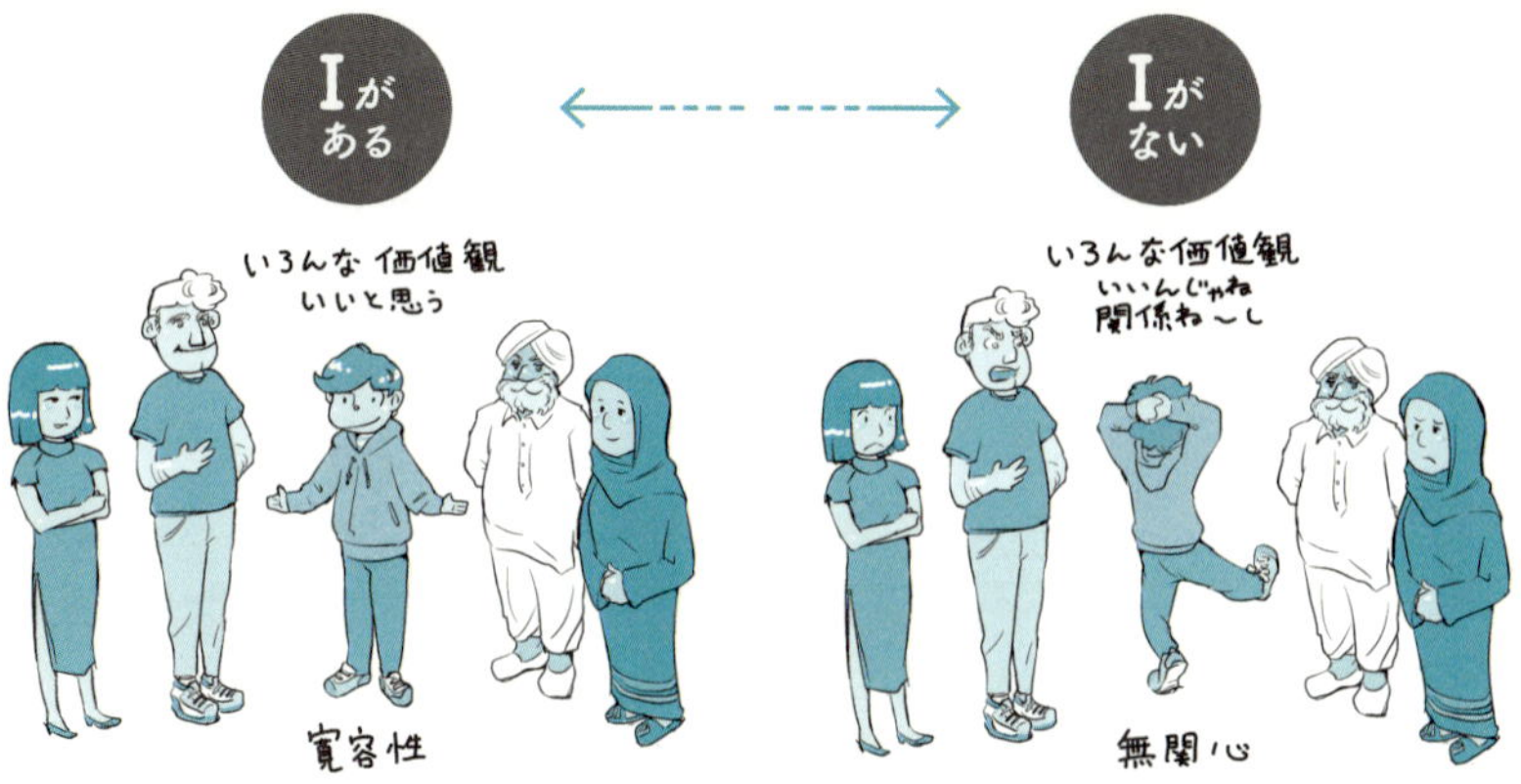
Iがある
いろんな 価値観 いいと思う
寛容性
Iがない
いろんな価値観 いいんじゃね 関係ね〜し
無関心

応など、ますます「人それぞれ」になるリベラルな世の中でそれを受け止め、そのうえで「私はこう思う」「このように行動する」「こういう人が好きだ」といった「I」のある寛容性は、幸せに自分らしく生きる「Iのある若者らしさ」のひとつです。

「I」がないと↓「無関心」

ただし、総相対化された社会を生きるなかで、「I」がないと、それは途端に「無関心」になってしまいます。「まあ、いろんな人いるからねえ、世の中」といったように、傍観者として流し見しているだけの状態です。そうなってしまうと、**横やりを入れたり邪魔をしたりすることはなくとも、自分がその事態の当事者になったときに、関係を断ってしまったり、逃げてしまうことも**あり得ます。ときには「N

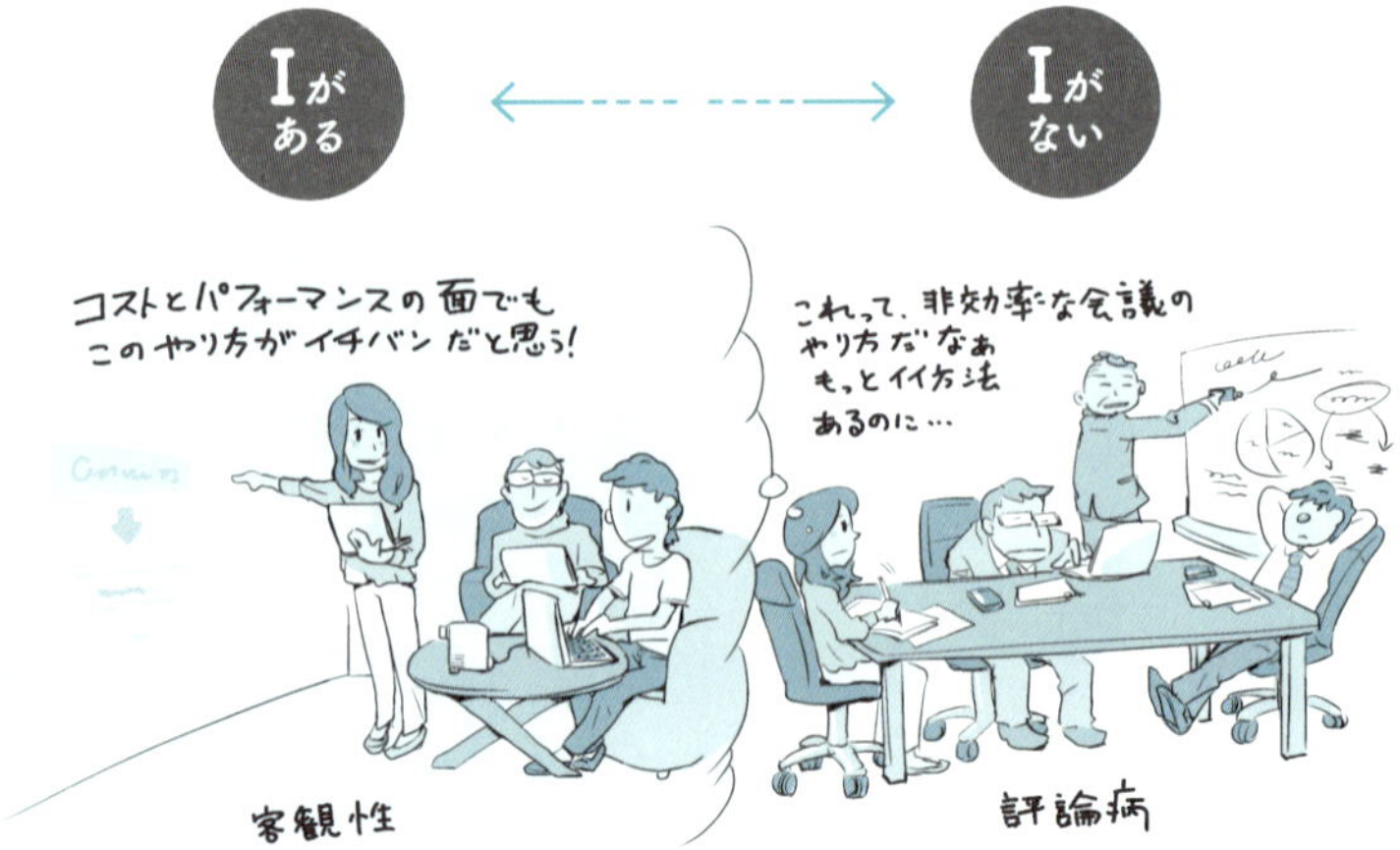
Iがある
Iがない
コストとパフォーマンスの面でも
このやり方がイチバンだと思う!
これって、非効率な会議の
やり方だなぁ
もっとイイ方法
あるのに…
客観性
評論病

〇」を言う勇気も含めて、「I」をもって多様な違いと向き合うことができるか否かが、それが「I」のある寛容性と無関心の差なのかもしれません。

7つの分岐② モノの見方
「I」があれば→「客観性」

「大人っぽい」「よく考えている」と感じる若者には、一歩引いたところからものごとを冷静に俯瞰して見通す力が備わっています。自分の視野を広くもつ意識さえあれば、総相対化社会には「さまざまな意見」「さまざまな立場」があることを、とくにネットを通じて客観視することが可能です。感情論や前例によって見えなくなっている**「ものごとの本質」に、〝そもそも論〟でメスを入れることによって、これまでのやり方では考えられなかった新たな方法論を力まずに見出すことができる**のです。

もちろん、ネットにもさまざまな感情論や偏向記事があふれています。多くの情報に触れているというだけで客観性がもてるとは限りません。だからこそ、そこに「I」をもてるか否かがとても重要になります。「客観性」とは、「I」をもったうえでの冷静さであるといえます。未熟でも知識不足でも、暫定的な自分の意見やスタンスを「ゆるく」もって、これらの情報に触れる続けることで、客観性が育まれるのかもしれません。

「I」がないと↓「評論病」

一方で、とてもロジカルで説得力があるけれど、どこか聞いたことのあるような引用ばかりの語り口になってしまっている若者も少なくありません。**「本質っぽいことを引用することで、楽に賢さが表現できる」と味をしめてしまうと、がむしゃらに頑張る人を見下したり、それでいて自分自身はアクションを起こせない〝評論病〟に陥ってしまう**こともあります。

それは、ネットで「あらゆる情報や論説を知ることができ」かつそれを「全世界に意見として発信できる」ことが、より拍車をかけているのかもしれません。たとえば、頑張っている人や活躍している人に対して使われる「イキってる」[12]という揶揄も、評論病の人が使いがちな冷やかしや否定の象徴的な言葉です。冷静に世の中を眺めつつも、自分もその世の中の一員として、「I」をもって参加しているという事実から逃げずに、行動にまで移せるかどうかが、「I」のある客観性と評論病の違いだといえるでしょう。

7つの分岐③ 信じ方
「I」があれば↓「素直さ」

ワカモンが一部お手伝いさせていただいた「18歳選挙権イベント」(232ページ参照)でのことです。当初は、イベントという限られた時間のなかだけで、彼らに選挙権をもつことの意味や価値を「私ゴト」として受け止めてもらえるのか、正直不安でした。しかし、ていねいに選挙の仕組みや自分たちの一票が社会に及ぼす影響などを説明すると、とても真面目に話を聞いてくれて、最後には選挙の意義を理解してくれたのです。そのとき感じたのは、「場ときっかけさえあれば、彼らはやっぱりスポンジ」ということです。「若者は冷めていて好奇心に乏しい」といった評をよく聞くこともありますが、決して冷めているので

12 イキってる

偉そうにしている、調子にのっているなどの意味で使われる言葉。粋がっている、が元となり、主に関西圏で使用されているが、芸人がテレビで使う姿などを通じて全国にも広まる。

はなく、単純に**「あふれる日々の情報と、適度な距離を保たないと混乱してしまう」という自己防衛であって、そのなかで自分との関連付けができる事柄にはとても素直さを発揮する**のです。

その意味で、18歳選挙権のイベントは、それまで「関係ない事柄」だった選挙が、自分と関連付けされた瞬間だったのかもしれません。ものごとや情報が「I」にとってどのような意味や価値をもつのか、そこに納得感さえ抱ければ、とても素直に真面目に傾聴することができるのも、「I」のある若者の特徴なのです。

「I」がないと↓「盲信」

とはいえ、素直であるがゆえに、そこに「I」としての考えをもてていないと、世の中の大きな声や多数派に、なんとなく乗っかってしまうこともあります。それが他者への攻撃性として表れてしまうと、「デマの拡散」「炎上騒ぎ」「いじめの黙認」などにもつながります。また、「まだ○○してるの？」「○○をまだやってるなんて遅れてる」など、周囲にいる人に対して自分と同じであることを強いる「同調圧力」に加担してしまうようなことも多々あります。昔から存在している群集心理のひとつともいえますが、**ネット社会で育ってきた若者は、その同調圧力をさらに色濃く出してしまう可能性も強い**といえます。彼らのその素直さのなかに「I」としての納得感や自分の意見」があるかどうか。それが「I」のある素直さと盲信の違いなのです。

7つの分岐④　自尊心
「I」があれば↓「謙虚さ」

174ページで紹介した女優さんの言葉にもあったように、自分の力のなさや、未熟である現状を一旦受け止めて、そこから「I」をもって前に進む謙虚さをつかんだ若者も少なくありません。大人たちは若者に対してつい、「やんちゃで無鉄砲な勢いやがむしゃらさ」といったものを期待しがちです。しかし、総相対化された社会のなかで、自分の行動や考え方

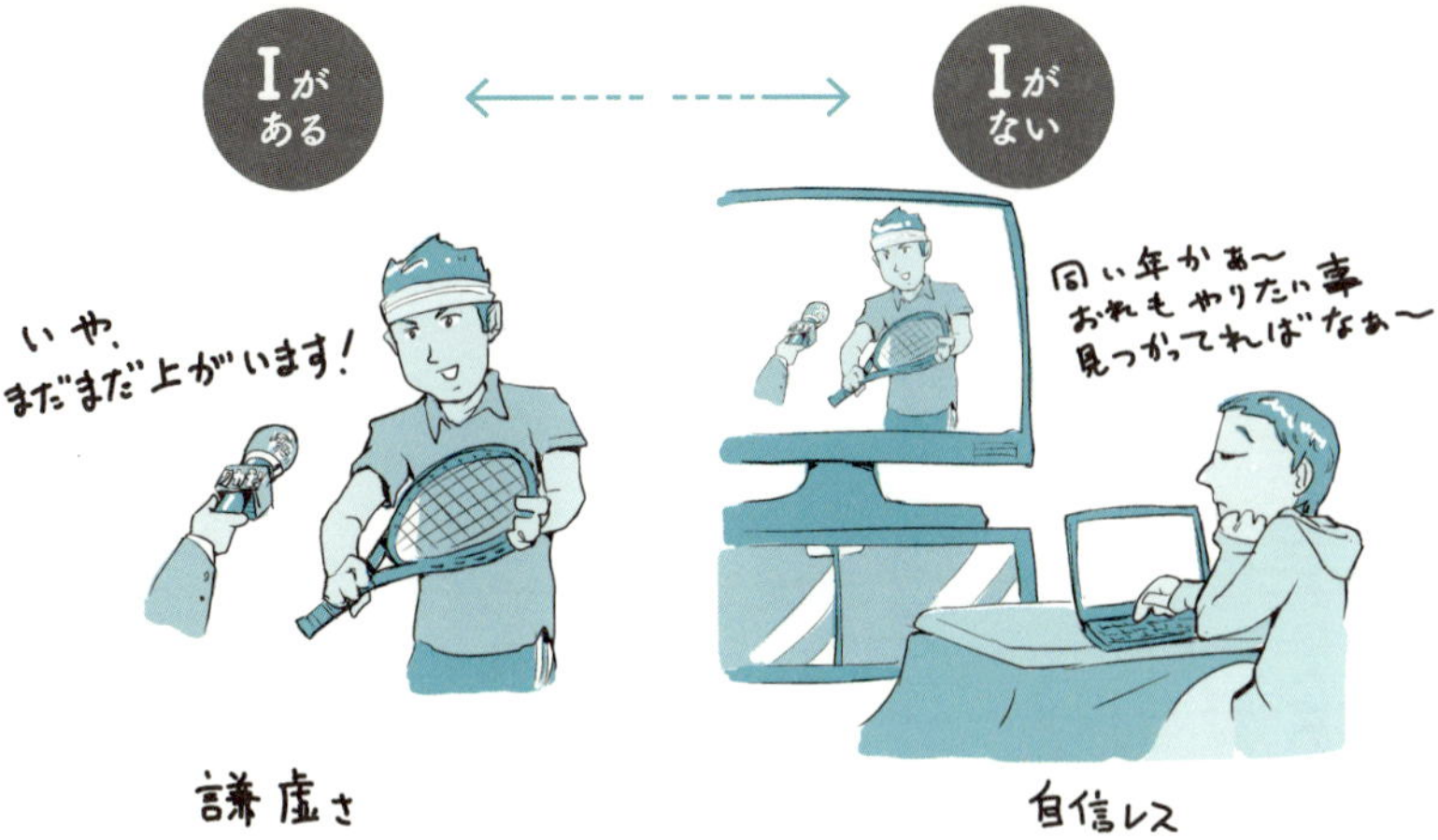
Iがある
Iがない
いや、
まだまだ上がいます!
同い年かぁ〜
おれもやりたい事
見つかってればなぁ〜
謙虚さ
自信レス

に対するフィードバックが見えやすく、また同世代をはじめとする他者の活躍と相対化されやすい情報環境に育ったからこそ、いまの若者には**「周囲を無視して突き進む力」よりも「見つめたうえで受け止めて進む力」が備わった**といえます。「自分は未熟だからこそ、まずは少しずつ進むしかない」という、ある種の達観を経たうえでの前進は、勢いだけではない確かな変革に結びつく静かなチカラになりそうです。

「I」がないと→「自信レス」

「I」のない謙虚さはすなわち、「自信レス」という状態を意味します。もともと、島国という極めて同質性の高い社会で生きてきた日本人は、奥ゆかしく思慮深いといわれます。自分のまわりの知人や、それ以外の**同世代の**

活躍が、少し“盛られた”状態[13]**で視界に入ってきてしまうSNS社会によって、さらに「自信レス」につながりやすい**のも事実でしょう。これから総相対化がますます進行していく社会のなかで、「I」がないまま他者との比較を重ねてしまうと、口を突けば「すみません」が出てきてしまうような自信をもてない人になってしまうかもしれません。些細なことでもいいので、「I」としてやってみたいことを抱き、それを大事にすることができるか否かで、「I」のある謙虚さと自信レスの違いは、ますますひろがっていくと思われます。

7つの分岐⑤ 判断力
「I」があれば→「自由さ」

幼少期からネットを通じて多くの人とコミュニケーションをとり、数多くの情報に触れているいまの若者たちは、世の中に存在するさまざまな可能性と生き方について、とてもリベラルでフラットな対応ができるという一面をもっています。**そのリベラルさを自分のやりたいことや、そのための行動に反映できる力が「自由さ」**です。ネットは情報やコミュニ

13 “盛られた”状態

実際の状況よりも、誇張された状態のこと。SNSによって、事実の一部分だけを切り取り、写真と言葉で加工することが可能になったことで、加工＝誇張をすることができるようになった。SNSだけでなく、「話を盛る」といった使い方もされる。

Iがある
Iがない
いや〜、ネットで知り合って同じアニメが好きで盛り上がって
外国人
日本人
自由さ
きっとまだ出会ってないだけ…!
優柔不断

ケーションの多様性を認めただけでなく、あらゆる行動の金銭的・物理的制約を下げ、最低限のお金と知恵と「行動する勇気」がある人の可能性を爆発的に広げました。その恩恵を「I」をもって使いこなせる若者にとっては、次々と自由に自分のやりたいことを実現できる「良い時代」といえるのかもしれません。

「I」がないと→「優柔不断」

制約が減って自由度が高くなったといっても、そこに「I」がなければ、**数ある選択肢のなかでどのような行動を選択してよいのか悩み、かえって身動きが取れなくなってしまう時代**だともいえます。たとえば、「恋人がいない」「晩婚化が進んでいる」といった恋愛や結婚に対する消極性も若者の特徴として語られがちですが、本来、コミュニケーションツールの発展は恋愛の可能性をひろげたはずです。しかし、かえってそれが選択肢過多（恋愛相手だけでなく、生活スタイルの選択肢も含め）につながり、若者に恋愛フリーズをもたらしているという側面もあるのでしょう。大人から見た「おとなしい」「無欲に見える」といった若者像は、このフリーズ状態のことなのかもしれません。

かつては幸せのロールモデルが存在し、自由度は低くとも、どのように行動すればよいのかという大まかな指針が存在していました。しかし、それがなくなりつつあるいま、「I」をもてるかどうかによって、この膨大な選択肢のある毎日を「自由さ」で楽しく過ごすことができるか、それとも優柔不断になってしまうかに分かれるのです。

7つの分岐⑥　集団行動

「I」があれば↓「協調性」

「協調性」をいまどきの言葉で表すならば、「空気を読む力」といえるかもしれません。多くのコミュニティのなかで〝上〟そのものが消失することによって、かつてのような明確な「上昇志向」がなくなったいま、**個ではなく仲間や組織全体が円滑に進むことを優先して立**

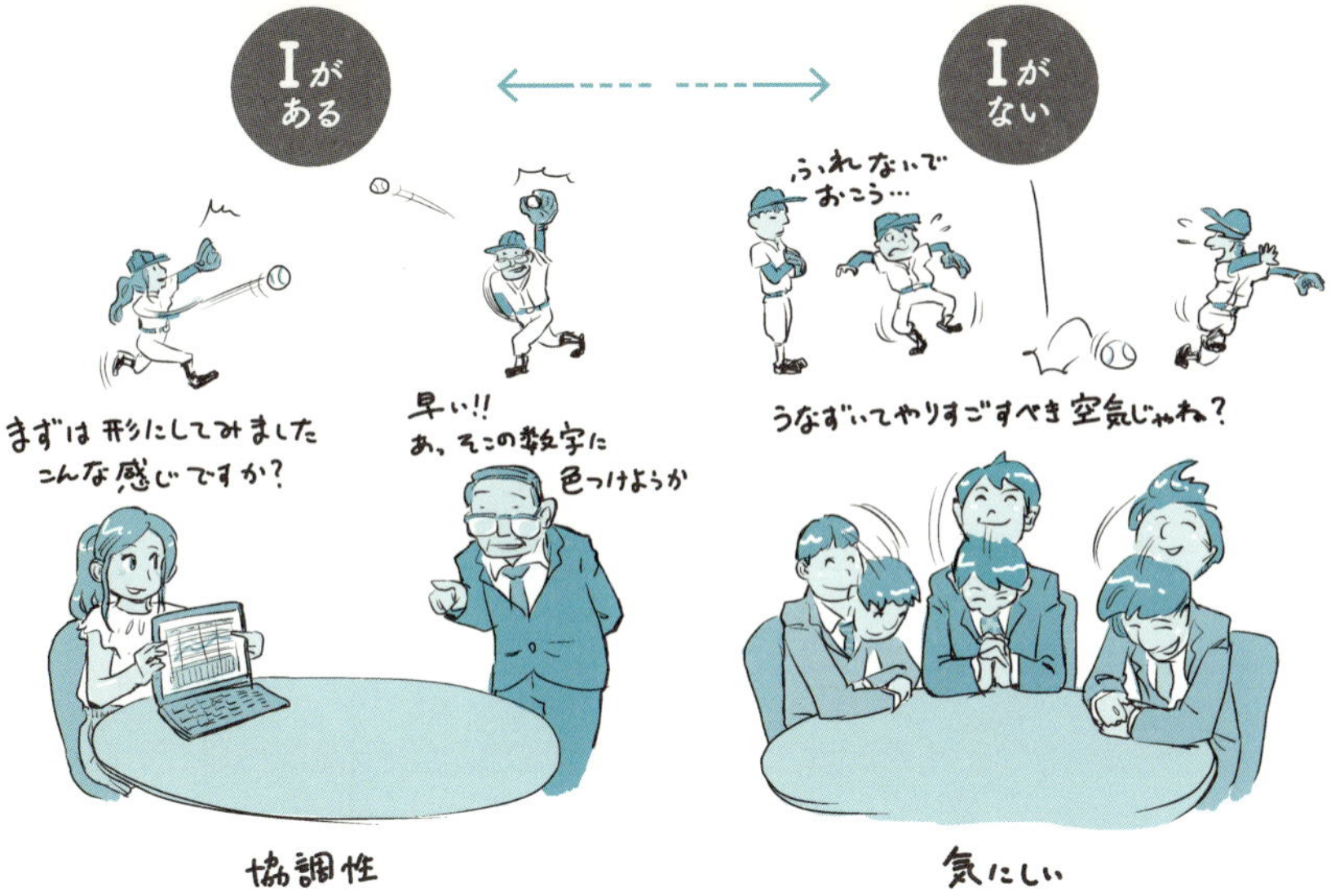
Iがある
Iがない
まずは形にしてみました こんな感じですか？
早い!! あ、そこの数字に色つけようか
協調性
ふれないでおこう…
うなずいてやりすごすべき空気じゃね？
気にしい

ち振る舞えるのも、いまどきの若者の長所だといえます。また、いまの時代はそのような利他的な行為を「SNSやスマホでシェア」する術が多様化しています。利他的な行為が評価されたり、あるいはその逆に利己的な行為は非難され、それらが可視化・ストック化される環境にあることが、「I」のある協調性につながっていると思われます。他者と建設的な議論ができる協調性という若者らしさは、答えのない世の中だからこそ、未来への光明といえるのではないでしょうか。

「I」がないと→「気にしい」

周囲の評価が可視化されたりシェアされたりする環境は、ともすれば、まわりを気にし過ぎることにつながります。他人にどう見られるかを気にするあまり、自分のやりたいことを見失ってしまったり、まわりに流されがちになることも少なからずあり、そうなると協調性ではなく、単なる「気にしい」になってしまいます。直接的に集団の邪魔になるような行為はしないまでも、自らの意見や考えを積極的に表明することもなく、ときに集団が悪しき方向に進みそうになったときに適切に止められるような、「その人がそのコミュニティの一員である価値」が発揮しづらい人になってしまいます。

自分に対するまわりの評価を気にするあまり、「議論をすること」が「感情的な口論」とは別であることがわからなくなり、嫌われたくないばかりに相槌しか打てない。これは協調性ではなく、単なる埋没です。あるいは「自分と協調してくれる人とだけ付き合う」ような、協調性まがいの「排他性」に陥ってしまうことも懸念されます。「I」をもったうえでまわりと上手にコミュニケーションを取れるか否かが、いまどきの協調性と、単なる気にしいの違いといえます。

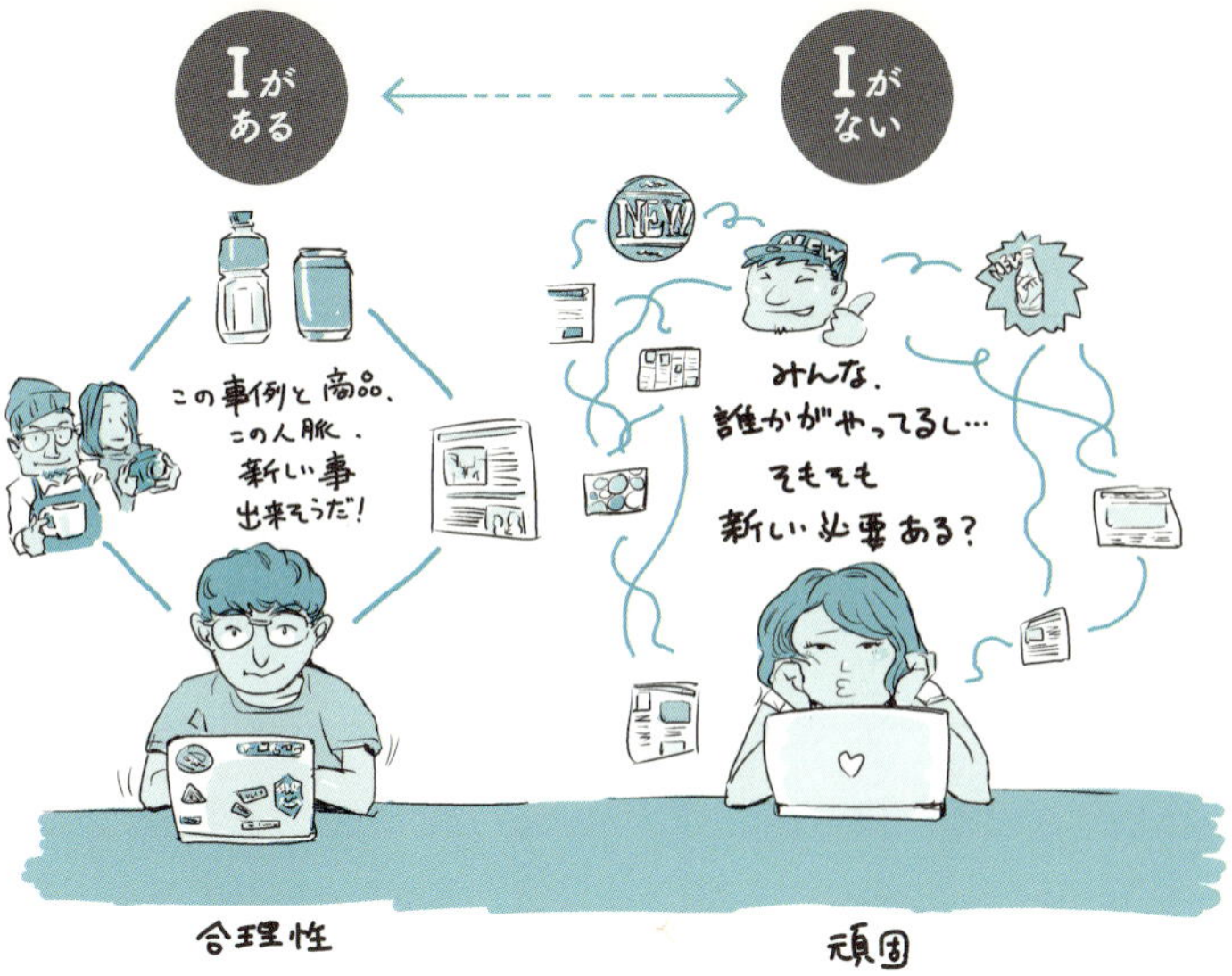

7つの分岐⑦　頭の柔らかさ

「I」があれば→「合理性」

ネット上の情報を素早く検索したり、SNS上の友だちに質問して問題を解決するなど、情報の無駄を省いて、効率の良い方法や考え方を実践できる合理性は、情報洪水のなかに生きてきた若者に顕著な特徴のひとつです。ネットを使った情報収集が、大人たちよりも格段に早いというのは、よくあることではないでしょうか。

合理性は、「昔からそういうものだ」という根拠のない前例主義や精神論を打破し、真に価値のある方法をチームにもたらすことも少なくありません。働き方、住まい方、老い方など、さまざまなライフスタイルの側面で岐路に立たされている日本において、彼らの合理性は、次の時代の新たな効率性を生み出す源泉なのかもしれません。

「I」がないと↓「頑固」

しかし、その合理性に「I」がない場合は、目の前に横たわる現実に対して「自分が関わってそれを変える可能性」を見逃してしまう恐れもあります。**正論ばかりで自分自身のオーナーシップ[14]や独創性を自ら殺してしまっている状態**といえるかもしれません。便利な世の中に育ち、合理的なやり方ばかりを経験してきた彼らが、不確かさのなかに未知の可能性やクリエーティビティを見出す源である「I」を見失ったとき、今後ますます発達していく人工知能の台頭も相まって、その人らしさを発露することはさらに難しくなっていくでしょう。他者に対する優しさや融通など、余白の部分を失ってしまう可能性も否定できません。あるいは、試行錯誤を繰り返すようなアプローチが苦手ゆえに、はなから可能性を見出さずに「どうせやってもムダ」という、諦めや臆病さにつながるおそれもあります。

14 オーナーシップ

目の前に存在する課題や事象に対する自らの自発性や参画意識、または積極的な態度を指す言葉。積極的に関与することで自らの判断や意見をもつことになるが、オーナーシップの不在は意思の不在にもつながる。本来は仕事における積極性や当事者意識を指す言葉。

合理性を下敷きにしつつ「自分がどう行動するのか」という主観をしっかりともち、その行為・行動の価値を自分なりに認められるかどうかが、価値ある合理性か、融通の利かない頑固さかの違いです。

4-5

「I」の有無で180度変わる若者

「I」にまつわる若者らしさの7つのパターンをご紹介してきましたが、「ああ、いまどきの若い人っぽい」と感じる要素があったのではないでしょうか。いかに同じ時代に生まれ育った若者といっても、たった7つに集約できるわけではなく、さまざまな若者がいるのは当然です。だとしても、これだけ特徴的な時代に生まれ育った人たちに共通することとはいったい何なのか、大人たちが若者に対して、共通して感じる良い印象・悪い印象の根源には何があるのか、それを考察してきました。

総相対化する社会のなかで、「WE」だけに埋没するのではなく、「I」をもって思考し、行動できるか否かによって、大人から見たときも、「最近の若い子はちゃんとしてるわ」というポジティブな印象にもなるし、「これだから最近の若い人は…」というネガティブな印象にもなるのです。**彼らの「I」に対するゆるい肯定感が、「自分らしさのあり方」やその先の**

思考や行動の根源にあるということが理解できるだけで、彼らとの関係性の築き方は大いに変わるはずです。

総相対化された社会を生きるのは、なにも若者だけではありません。日本の近代史のなかでかつてないほどに「個人が自分らしさのあり方を自分で見つけることを求められる世の中」であるいま、それは全世代に共通して起こる社会の変化であり、さらに輪をかけて未来に向けて加速していく流れでもあります。そうした未知なる社会を前向きに楽しく、新しく生きていくために、「Ｉへの肯定感」をバランスよく、ゆるくもつことは、全世代にとっての生きるヒントになるのではないでしょうか。

ここだけ読めばざっくりわかる！

4章のまとめ

- 「WEの時代」の若者の行動は「ワカモンSEAモデル」で構造化でき、「本当に求めていること」と「それをまわりがどう見るか」のふたつの関係性が行動を左右している。
- その関係性が「自分らしさのあり方」も左右している。
- 「自分らしさのあり方」は時代の変遷とともに変化してきた。

  帰属欲求 ↓ 優越欲求 ↓ 承認欲求

- 内輪コミュニケーションや情報量爆発による「つながり過多」と、生きる上での「ロールモデル消失」によって、若者の日々は「総相対化」された。

●すべてが相対的になりつつある世の中で、若者は「**本当は『I』が欲しい**＝自分のなかに絶対的なものさしをもちたい」と「こころの氷山の奥底＝S」で感じ始めている。

●そしてそれは、成熟社会になった日本がはじめて直面している「自分らしさのあり方」への**肯定欲求**である。

●「I」をもてるかどうかで、若者らしさは良い方向にも悪い方向にも出る可能性がある。

①寛容さ　↕　無関心
②客観性　↕　評論病
③素直さ　↕　盲信
④謙虚さ　↕　自信レス

⑤自由さ　↕　優柔不断
⑥協調性　↕　気にしい
⑦合理性　↕　頑固

●若者自身も、まわりの人も、互いに良い関係性を築き、総相対化された社会をポジティブに生きるためには「**Iへのゆるい肯定感**」が重要。

いまどきの若者あるある

みなさんのまわりにも、こんな若者いませんか…？

「“WE”が大事」

“自分主語”だけではなく“他者との共感主語”で話す若者。なぜなら“私たち（WE）”がどう思うかが価値基準であり、「みんなが支持している」「一緒に楽しめる」ことが彼らのモチベーションになることが多いからです。そのため自然と他者の目線を意識した話し方になることがあります。

「画《え》映《ば》え」

SNSに常に触れている若者は、他者から見られている意識が強く、SNSに写真をアップするときもまわりからどんな反応があるかを考えます。自分のことだけを考えてアップするのではなく、友人とのコミュニケーションをどれだけ豊かにするか、どんなリアクションをまわりからもらえるかなども重視しています。

「ウラハラ・マインド」

3章でもご紹介したように、若者の多くが自分の将来・日本の将来に不安を感じています（P95）。でも実は、自分たちの世代が社会をリード・けん引していきたいという若者もたくさんいます（P100）。「将来は不安だけど自分たちがやるしかない！」そんなウラハラなマインドが若者にはあるのです。

5章

いま、大人に必要な考え方、動き方

5-1

どのように「I」をゆるく肯定できるか

2章から4章にかけては、「大人側からの視点」を一度離れ、若者の心のありようについて、深く本質的欲求まで潜って見てきました。そこには総相対化する社会のなかで、自分の外側の情報や人間関係だけによらない、自分を内側から肯定したいという欲求が存在していることがわかりました。WEの時代を生きる彼らだからこそ「本当はIが欲しい」と実は思っており、その「I」を肯定し持てているか否かで、若者らしさは大きく分岐することも、代表的な7つのとらえ方でご理解いただけたと思います。

5章では改めて「大人側からの視点」に立ち戻り、実際に大人としてどのように若者と対話することが、若者の「I」に対しての肯定感につながり、大人と若者、双方にとってよい関係性を構築することがつながるのか、実際にワカモンが手掛けたケーススタディをご紹介しながら解説していきます。

実はほとんど「I」まで届いてない

残念なことですが、「I」に対してどのように働きかけるのが良いのかという方法論以前に、そもそも若者の「I」にコミュニケーションを届けられている人が、ものすごく少ないように感じます。「若者のこころの氷山」にコミュニケーションの光を当てていたとしても、もっとも深い「I」の部分まで、光が届いていないのです【図1】。

前述のとおり、情報洪水のなかを泳ぎながら日々過ごしてきた彼らは、ほとんどの情報やコミュニケーションを「自分には関係ない他人ゴト」としてスルーする能力をもっています。それは、広告であれ、経済ニュースであれ、親の小言であれ、世の中に飛び交う情報すべてを「I」の部分で「私ゴト」として受け取っていては疲れ切ってしまうほど、あまりに光(=情報やコミュニケーションの洪水)が強いからです。

そうした状況で若者に何かを伝えようとしても、ちょっと話題になる程度の**「世の中ゴト」で止まってしまい、少し踏み込めたとしても「内輪ゴト」(=WE)」まで届くのが関の山で、結果として「他人ゴト」として扱われてしまう**のです。「なんと言って訴えかけるか」と

[図1]私ゴトまで光の届きにくいコミュニケーション

いった細かい言葉じりを気にする以前に、「そもそも聞いてない」という状況がとても起こりやすいわけです。若者にとっては、それが総相対化された社会で自分らしさを守るためのまわりとの向き合い方なのです。

決して悪気があってスルーしているのではなく、これは若者たちが成長過程で身に着けた世の中との距離の取り方なのです。しかも悪気がないぶん、「もっと本気で聞きなさい！」などと注意したり傾聴を促したところで、あまり効果がないのも特徴です。

では、大人はどのようなスタンスで若者と向き合えば、若者の「I」との対話につながるのでしょうか。ここまでの章で説明してきた「大人と若者の違い」を正しく理解したうえで、その「違うという事実」に対してどのように向き合うスタンスを取るのかが、大きな分かれ目になります。

よく見られるのが、違いに対して、「ワケのわからないことを言ってけしからん！」といって「自分のものさし」にあてはめていくスタンス、または「俺も同じだったよー」と「若者のものさし」に同化しようとするスタンスです。一見、後者のほうが若者に向き合っているように感じますが、どちらも「違う」という事実から目を背けている点では共通しているといえます。そうではなく、**そのズレに対し、「そんなふうに考えるなんて面白いね！」**

と、**「自分のものさし」**と**「若者のものさし」のズレを軽い気持ちで楽しんだり愛でたりすることが、大人が「I」と対話するうえで、最初に必要なスタンス**だといえるでしょう。

無理に共感する必要もないし、かといって頭ごなしに否定する必要もないのです。この〝ズレを愛するスタンス〟を具体的な話法として整理したものが、次の**「ズレ愛のある大人の5つのスタンス」**です。

ズレ愛のある大人の5つのスタンス

- ズレ愛スタンス① 〝誰かが〟ではなく〝私が〟で向き合う
- ズレ愛スタンス② 〝集団〟ではなく〝個〟に向き合う
- ズレ愛スタンス③ 〝上から〟ではなく〝尊重〟
- ズレ愛スタンス④ 〝Whyなき命令〟ではなく〝Whyの共有〟
- ズレ愛スタンス⑤ 〝こちらの論理〟ではなく〝共通の論理〟

まずはこの5つを、「I」とのコミュニケーションの基本的な心構えとして押さえておけば、マスコミュニケーションのような大勢を相手にしたものから、わが子の進路相談のような一対一のものまで、若者とのより良い関係性を築くうえでとても有効に働くでしょう。

もちろん、すべての若者とのコミュニケーションを「I」に向けたものにしなければならない、というわけではありません。若者自身も、必要最低限の手続きとして「I」を介さないコミュニケーションを日々行っており、本当に大事な人間関係や情報伝達の場面では、「I」に集中しようとしているのです。単に情報として伝達すればいいことは、そこまで「I」にこだわる必要はないわけです。ただ、**若者を動かしたり、変わってもらう必要があるときには、「I」に対して働きかけることが必須**になってきます。そのための方法を、ひとつずつ例を挙げながら見てみましょう。

5-2

若者の「I」と向き合うコミュニケーション術

ズレ愛スタンス①

"誰かが"ではなく"私が"で向き合う

当たり前のことですが、相手の「I」とコミュニケーションしたければ、まずこちら側から素直に「I」で接することが大切です。しかし、若者になにかを伝えたり指示したりするとき、大人は知識や経験があるぶん、ついつい「ルールだから」「決まりだから」「上が言ったから」と、その話の根拠を自分の外側に置いてしまいがちです。働きかけている側が、自分の外側の根拠をもとに話をしているような**「他人ゴトスタンス」では、若者は、賛成も反対も表さないですし、議論しようとすらしてくれません。**目の前にいる大人が、自分のなかには根拠が存在していないと表明してしまっていることは、若者も敏感に感じ取ります。大人が「I」以外のところで接している以上は、若者も絶対に「I」で納得したり、行動することはないのです。

もちろん、客観的な根拠などを示すことも必要ですが、**なるべく「I」で接する部分を意識することで、若者は「この人の言ってることは信用できる」と感じ、「I」で聞く**ようになってくれます。たとえば、若者にも非常に人気のあるマツコ・デラックスさんは、あれだけ毒舌なのにもかかわらず、批判されることもあまりなく、むしろその毒舌に人気が集まっているように見えます。それは「自分の実感にもとづいた生の声」でコミュニケーションされているからだといえるでしょう。マツコさんは、話し始めによく「〝私は〟こう思うんだけど…」といったように、自分という主語を曖昧にすることなく明示されます。その語り口は、まさに「I」で周囲と向き合っているといえます。だから少し厳しい物言いをしても、若者はそれを信用しているのではないでしょうか。マツコさんは、「I」をもって接してくれている大人であると、若者にはしっかりと伝わっているのです。

ズレ愛スタンス②

〝集団〟ではなく〝個〟に向き合う

自分と立場が異なる相手に対して、多くの人が陥りがちな「人に対する見かた」のひとつが「レッテル貼り」です。これは若者の「I」を深く閉ざしてしまう危険性がとても高いコミュニケーションだといえます。「最近の若い人ってみんなこうでしょ?」とまとめて見ていくこと自体は、必ずしも悪いこととは限りません。しかし、**レッテル貼りによって、そのなかにいる一人ひとりの事情や思いを見なくなってしまうことは、まさに若者を「WE」としてしか見ずに話すことにつながります。**

対話を通じて若者の行動や思考に変化をもたらしたいと考えるのであれば、レッテル貼りの向こう側にある「I」と向き合う必要があります。「近頃の若者」とまとめるだけで終わらせない、一般論化しない、必ず「あなた(=I)」と向き合うこと。当たり前のことだと感じられると思いますが、**個を見ないような話し方をしているうちは、絶対に「I」への肯定感は生まれない**のです。まずは個としての相手の話に耳を傾け、実際に話を聴くことです。

若いやつはみんな
話題になれば
いいと思ってるだろ
「集団」
はあ…
「個」
話題になったことで
実際あなたが
行動したことは？
ハロウィンとか…？

それに対して、相手を個として尊重したコミュニケーションを取ることが、「I」との対話には必要です。

ズレ愛スタンス③ "上から"ではなく"尊重"

個人の能力や実績よりも、勤続年数や年齢などで評価されていくのが「年功序列」というしくみです。これは組織や集団のなかでの「目上・目下」といった形式的な人間関係だけでなく、かつては情報格差の面でも存在していました。年上のほうが知識があり経験も豊か、それゆえに妥当な決断ができる、だからこそ、目上の人間に対しての尊敬があってしかるべき、という空気が社会に強く存在していました。

しかし、いまや情報は「タダで当たり前」の時代です。大事なのは、生きてきた時間の長さや情報を手に入れられるだけのお金をもっているか否かではなく、リテラシーの高さそのものに移行しつつあります。総相対化される世の中では、情報格差の変容に伴って、スキルや人脈、コミュニケーション能力、実績の面でも、ますます年功序列は実態として消滅していくことが予測されます。**「年上だから無条件ですごい」「若いから無条件で未熟」ではなく、いくつであろうと、「すごい人はすごい」「未熟な人は未熟」という時代**になりつつあるのです。

ひとつの尺度による優劣（そのわかりやすいものが年功序列）で人を測れなくなった現代、大事なのはお互いの良い部分を「尊重」するスタンスです。若者には1章でも触れた情報革命後の前提から生じる「質の影響力＝前提打破力」が秘められています。一方、年長者の多くは人生の長さと比例して、「実体験の量と質」が蓄積されており、若者には計り知れない知識や知恵をもっているといえます。「どちらのほうが偉いか」「どちらのほうが優れているか」という構図で考えるのではなく、対話によって補い合うことによって、よりよい成果を生み出すことが本来必要な目線のはずです。

そうした時代に、**無条件な「上から目線」から抜け出せない大人は、その行為自体が〝情報リテラシーが低い人〟と見なされてしまいます。**年齢や知識の量ではなく、フラットに

相手をひとりの人間として扱えるその姿勢にこそ、尊敬の念を抱くいまの若者。彼らの「I」と対話するには、「上から」ではなく「尊重」のスタンスで向き合うことが大切なのです。

ズレ愛スタンス④
“Whyなき命令”ではなく“Whyの共有”

ワカモンは、さまざまな企業の人事担当の方と、採用活動のあり方について一緒に考えるという仕事も多いのですが、その際に必ずお伝えていることがあります。それは、先輩社員が若い社員に決して言ってはならないNGワード「いいからやれ」についてです。後輩や部下への指示として、この言葉を使ってしまったことがある方は少なくないと思います。「いちいちやる理由を説明するのが面倒」「自分でもうまく説明できない」「やる理由なんて考えないで黙っていうことを聞いてほしい」など、理由はさまざまだと思いますが、**「いいからやれ」は、若者が「I」をもって「私ゴト」としてそのタスクに向き合う気持ちを、一発で無にしてしまうほどの破壊力があるのです。**

ロールモデルや、かつての前例、方法論が通用する時代であれば、「なぜそれをやるべきなのか」という理由を考えるよりも、いかに高効率に実行できるかに注力するほうが賢い選択だったのかもしれません。しかし現代は、加速度的に前例が通用しない時代になってきています。そうした情報洪水のなかを日々取捨選択しながら生きてきた若者が、自分の納得いかない事柄について「いいからやれ」の一言で「よしやろう！」と思えるわけがありません。にもかかわらず、「前例がある」「そういうもんだと相場が決まっている」といった理屈だけを盾に、「いいからやれ」と指示する大人は、良い成果を生み出す人に見られないでしょう。

大事なのは「なぜそれをやるのか」という本質を常に自らも考え、それを理解してもらうよう心がけることです。これは決して若者相手に限ったことではなく、前例が通用しなく

なりつつある今の社会を乗り切るためには、世代を問わず必要な心構えだといえるでしょう。とくに若者は「素直さ」が備わっているので、「Ｗｈｙ」に納得さえできれば、その先は自主的に動いてくれることも少なくないはずです。もちろん、「Ｗｈｙ」を自ら考えて整理する能力を身につけてもらうためにあえて理由を教えなかったり、仕事を進めながら答えを構築していく必要があるなど、さまざまなケースがあると思います。しかし、どんなときであっても、大人も若者もともに「Ｗｈｙ」を考えて動くことが、ものごとの推進力につながる時代といえます。

ズレ愛スタンス⑤

“こちらの論理”ではなく“共通の論理”

「君らにはわからないだろうけど、以前は…」「昔から○○のときはこうするって決まってる…」」。よく耳にする、大人の「対若者コミュニケーション」のセリフです。こうした話し方も、若者の「I」を閉ざす原因になることが少なくありません。これらの話し方が若者にウケが悪いのは、単に昔話だからわからないということではなく、若者はそんな大人の話し方から**「相手の知らない話に主題をもっていくことで、マウントを取ろうとしている」**という意識を感じてしまうからです。その場の会話の主導権は握れるかもしれませんが、その昔話を知らない若者からすれば、意見も言えず、反論もできなくなってしまうわけです。

この会話は、前述の「情報年功序列」の固定概念が根深い大人がやってしまいがちです（209ページ参照）。若者から「テキトーな相槌」を引き出すためには有効かもしれませんが、決して「I」との対話にはならず、彼らの行動や思考が変化することはないでしょう。つまり、自分にとって知らない、関係性のわからない話をスルーする力がとても高いイマドキの若者にとって、知らない話でマウントを取ることは、本質的にはなんら生産的ではないということです。

15 マウントを取る

相手より優位なポジションを取る、主導権を握る、という意味。元々は動物社会における序列確認の行為を指すが、人間関係においても、言葉でマウントを取るという行為が見られる。マウントを取ることで、自分に優位に話を進めるなどの狙いがある。

一方で、たとえ昔話でもそれを上手に「I」との対話に活かせる人もいます。そういった人は必ず昔話のなかで、たとえば「今でいう〇〇と似たようなものでさ…」などのように、若者にもわかる要素と関連付けながら話を組み立てています。

「マウントのための昔話」ではなく、「若者の『I』と関係のある昔話」であるということが、若者たちに伝わるかどうかが大事だということです。

伝われば、若者と〝会話〟になります。自分の感性や考え、経験などを「I」の部分と紐づけて話ができさえすれば、下手に話題ごと若づくりをするよりも、昔話だって「新しいおもしろい話」として意義ある会話が構築できるはずです。昔話は一例でしかありませんが、若者に対して、「相手はおそらく知らないであろう、自分の経験や考え」を伝えるときの姿勢として、忘れないようにしたいポイントです。

「I」との対話が、若者を動かす

ここまでは紹介した5つの心構えは、代表的な例にすぎません。あくまでも「心構え」でしかないので、実際にどのようなコミュニケーションを取るのがよいかは、ケースバイケースです。コミュニケーションに決まった答えや秘訣がなく、人の数だけあり方が存在するなかで、「I」と対話できるようになるために、いまの若者が備えている特性とどのように向き合えばよいのか、という観点で、役に立つはずです【図2】。

また、この心構えは、「上司が部下へ」「親が子へ」「企業が若者消費者へ」「人事が新卒学生へ」などなど、一対一の親密な間柄から、多対多のマスコミュニケーションまで、さまざまなシーンに共通して有効なスタンスだとワカモンは考えています。「手がかかる」とか「甘やかし過ぎ」と感じる方もいるかもしれませんが、**総相対化される未知の時代に入っていくいま、若者の「I」と対話できるか否かは、未来への可能性を大きく左右する**ともいえるでしょう。

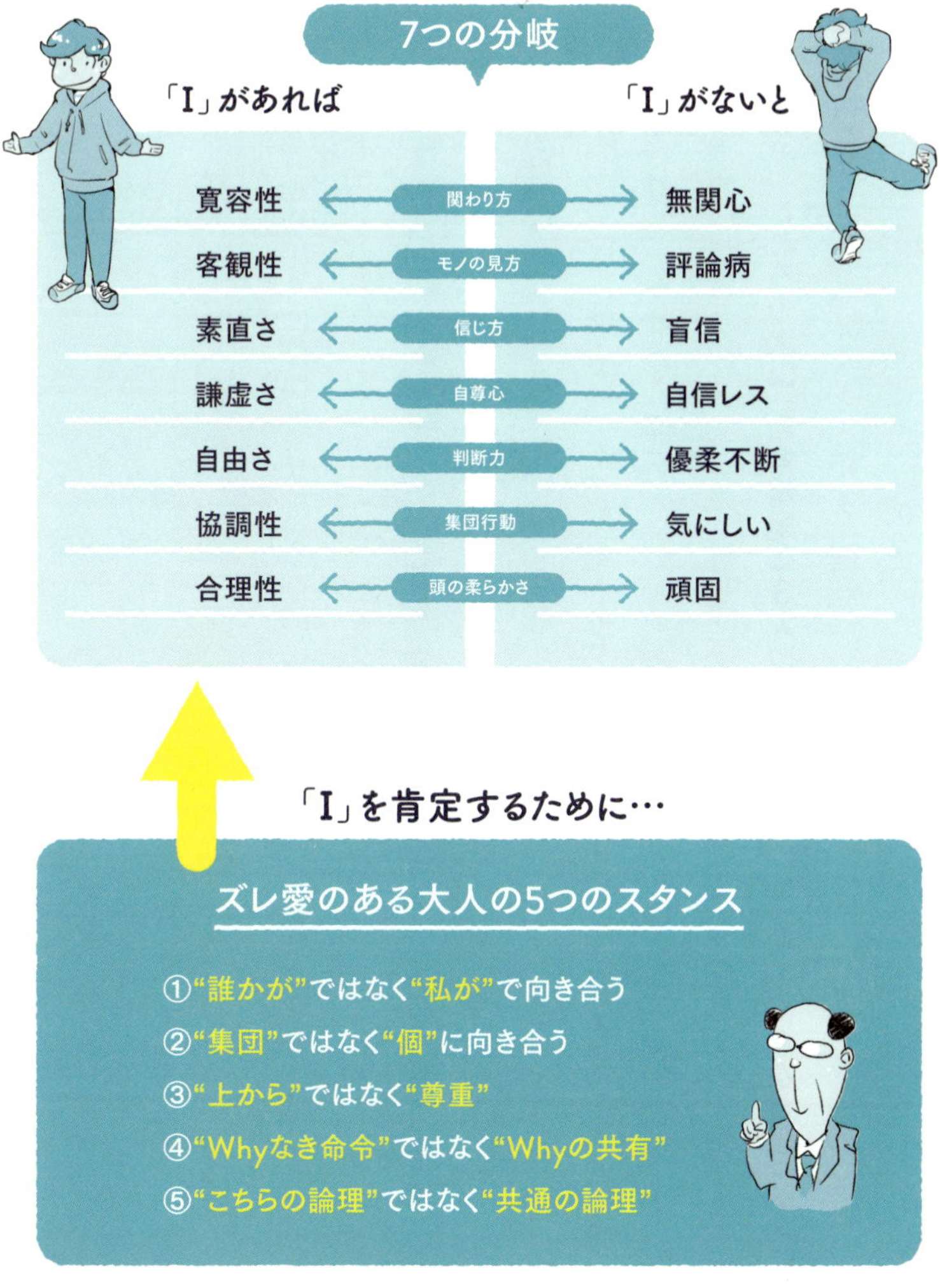
7つの分岐
「I」があれば
「I」がないと
寛容性
関わり方
無関心
客観性
モノの見方
評論病
素直さ
信じ方
盲信
謙虚さ
自尊心
自信レス
自由さ
判断力
優柔不断
協調性
集団行動
気にしい
合理性
頭の柔らかさ
頑固
「I」を肯定するために…
ズレ愛のある大人の5つのスタンス
①“誰かが”ではなく“私が”で向き合う
②“集団”ではなく“個”に向き合う
③“上から”ではなく“尊重”
④“Whyなき命令”ではなく“Whyの共有”
⑤“こちらの論理”ではなく“共通の論理”

［図2］「7つの分岐」と「ズレ愛スタンス」のまとめ

5-3

3人の自分から「アリ！」をもらう

若者の行動や思考に直接働きかけるためには、「I」との対話がとても大切だということは、ここまで紹介してきたとおりです。しかしそれだけで若者がすぐに動いてくれるわけではありません。ここからは、より実践的に若者に働きかけるために必要なことをみていきます。

若者を行動に駆り立てるためには、「I」との対話で「私ゴト」ととらえてもらうだけでなく「WE」、つまり内輪のなかの納得感である「内輪ゴト」化や、それが自分たちの内輪以外でも支持されているという「世の中ゴト」であることまでも、伝える必要があります。それらがすべて揃ってはじめて、若者の行動を変化させる確率がアップしていくのです。**ひとりの若者の「こころの氷山」の各階層に3人のジャッジがいて、ゆるやかな合議制で行動を決めている、**といったイメージです［図3］。

[図3]若者の心のなかの3人の自分

表出している海面上の「トレンド・現象」の部分は「世の中における自分」、海面のすぐ下の「環境要因」の部分は「内輪のなかでの自分」、そして一番深層にある「本質的欲求」の部分は「純粋な自分」です。この心の3層が、若者が内面にもち合わせている多面的な自己と対応しています。その**〝3人の自分〟が、頭のなかで会議を開き、「世の中ゴトとしてアリか」(=流行り感はあるか、炎上しないか、イケてる人が支持しているか)、「内輪ゴトとしてアリか」(=浮かないか、シェアして盛り上がれるか、一緒にできるか)、「私ゴトとしてアリか」(=本当にやりたいか、自分向きなのか)という観点から行動や思考を形づくっているのが、いまの若者の基本的な意思決定の構造だといえます。**そのなかでも、「純粋な自分=I」に肯定感を得ることが難しい、というのが4章までの内容です。

たとえば、「テレビで最近よく見るなあ」というトレンド・現象に対して、「これ、知らなかったら時代遅れなのかなあ」と気にするのが「世の中における自分」。「友達の◯◯も昨日、これめっちゃいいって言ってたしなあ」という環境要因に対して、「私もおそろいで買ったらめっちゃ盛り上がりそう」と感じるのが「内輪のなかの自分」。そして「そもそもこういうの自分すごい好き!」という本質的欲求が、「純粋な自分」そのもの。こうした構造になります。
逆に、どんなに「自分としてはやりたい！」と思っても、「浮きそうだな…（＝内輪ゴトとしてナシ）」とか、「全然ネットとかでも見ないしな…（＝世の中ゴトとしてナシ）」と感じてしまうと、行動のハードルは高くなります。また、「世の中的にはまったく話題になってない（＝世の中ゴトとしてナシ）」としても、「自分のまわりでものすごく盛り上がれる（＝内輪ゴトとしてアリ）」かつ「自分もとても興味がある（＝私ゴトとしてもアリ）」なら、そこに行動を起こす場合もあります。わかりやすい例が、オタクコミュニティや趣味のつながりなどです。

ハロウィンブーム、Snapchat、ボランティア、ポラロイドカメラなど、大人から見ると、盛り上がる理由や経緯がよくわからない最近のトレンドの数々は、この「3人の自分」モデルに当てはめると、どういうメカニズムで支持されているのかが、よく理解できると思います【図4】。

ボランティア

地元の街のゴミ拾いから震災復興まで、さまざまな場面で若者がボランティアに参加している。多くの場合は友達と連れ立って参加し、人の役に立つ喜びや、有意義な社会経験として支持している。

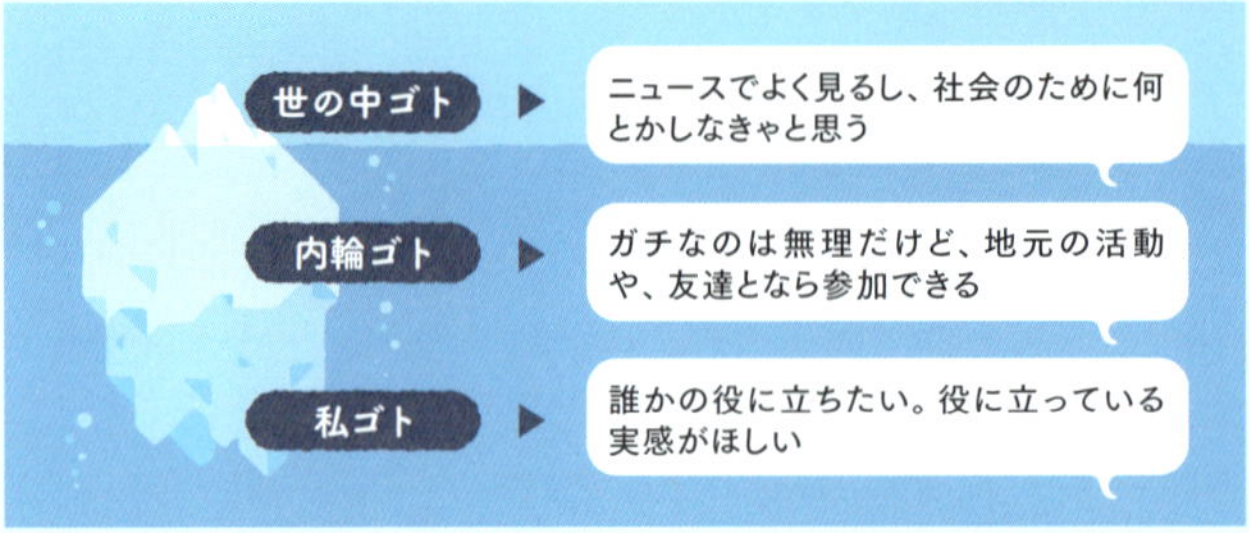

世の中ゴト
ニュースでよく見るし、社会のために何とかしなきゃと思う
内輪ゴト
ガチなのは無理だけど、地元の活動や、友達となら参加できる
私ゴト
誰かの役に立ちたい。役に立っている実感がほしい

ポラロイド／フィルムカメラ

スマホカメラが当たり前の時代に、一部の若者の間で「ポラロイドカメラ」や「写ルンです」が密かなブームに。便利が当然の世の中で「現像するまでわからないドキドキ感」などが、意外性として支持されている。

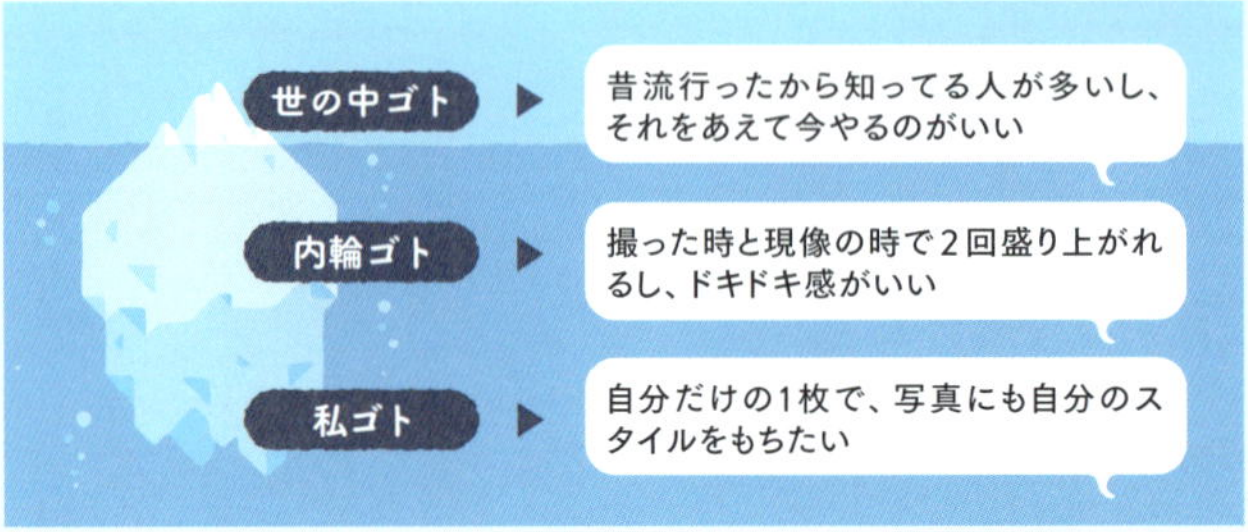

世の中ゴト
昔流行ったから知ってる人が多いし、それをあえて今やるのがいい
内輪ゴト
撮った時と現像の時で2回盛り上がれるし、ドキドキ感がいい
私ゴト
自分だけの1枚で、写真にも自分のスタイルをもちたい

ハロウィン

毎年10月31日とその周辺で行われる、欧米発祥のお祭りイベント。お化けに仮装してお菓子をもらい歩くものだったが、日本の「コスプレ」「アニメ」文化と融合し、“仮装して羽目を外して楽しむ日”という認識に変化している。

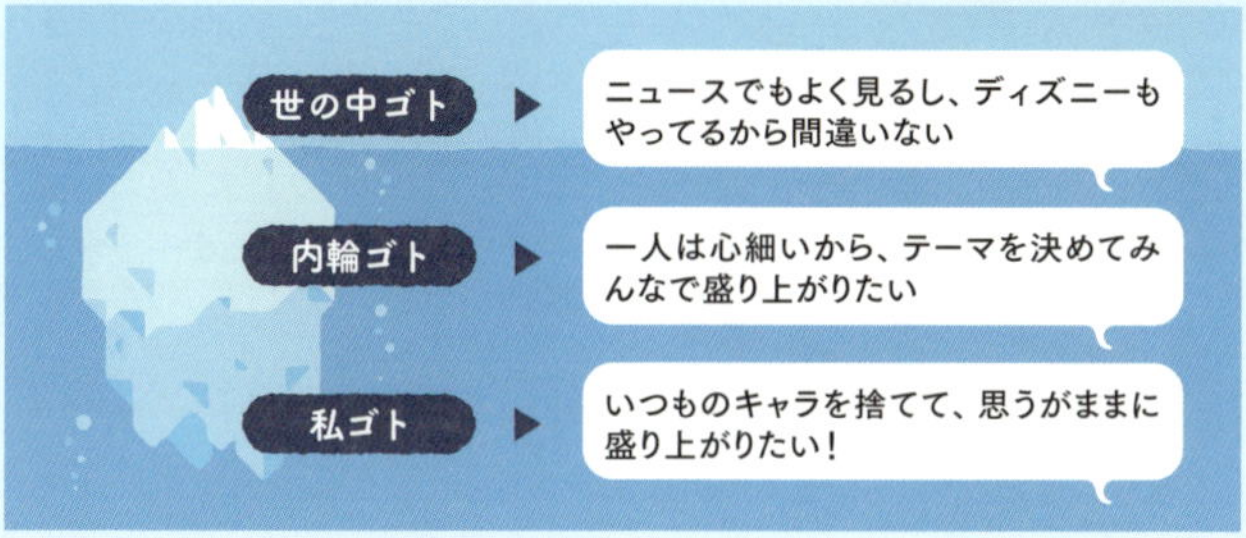
世の中ゴト
ニュースでもよく見るし、ディズニーもやってるから間違いない
内輪ゴト
一人は心細いから、テーマを決めてみんなで盛り上がりたい
私ゴト
いつものキャラを捨てて、思うがままに盛り上がりたい!

Snapchat

写真や動画を友人と共有するスマートフォン向けSNS。最大の特徴は、シェアされる写真・動画は「最大10秒で消えてしまう」機能。既読スルーや「いいね」を気にするなどの“SNSの煩わしさ”がない点がウケている。

face
change

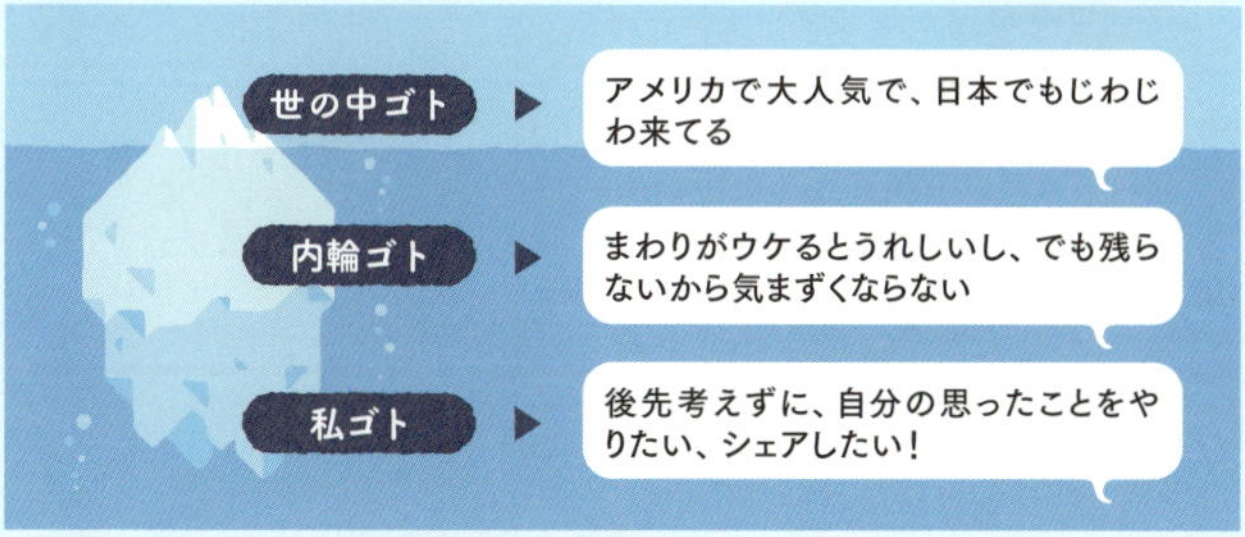
世の中ゴト
アメリカで大人気で、日本でもじわじわ来てる
内輪ゴト
まわりがウケるとうれしいし、でも残らないから気まずくならない
私ゴト
後先考えずに、自分の思ったことをやりたい、シェアしたい!

[図4]近年の若者文化を「氷山モデル」で読み解く

5-4

「I」との対話 コミュニケーションケーススタディ

ここまでは、「若者が、行動の動機を心のなかでどのように形成しているのか」「そのときに大人はどのように関わることが建設的なのか」について、構造的に整理しながら説明してきました。「自分らしさのあり方」が複雑化し、「I」を肯定できるか否かによって、同じ若者でも、実際の態度や行動が180度変わることも説明しました。そして、根底では「I」を肯定したいと思いつつも、心の外側にある「内輪における自分」「世の中における自分」を合わせた**「3人の自分」が、〝その行動やモノの考え方は自分にとって信頼できるものなのか〟をジャッジしている、**こうした若者の姿もご理解いただけたと思います。

では、どのような工夫や心遣いが若者たちの行動を変えることができるのか。ここからは、実際にワカモンが手がけてきたコミュニケーションプランニングのケースを通じて、解説していきたいと思います。

CASE①
日清食品「カップヌードル」

日清食品の「カップヌードル」は、いわずと知れた日本を代表する即席麺ブランドで、その歴史は40年以上というロングセラーブランドです。しかし、ロングセラーであるがゆえに、若者にとっては「あって当たり前」という、ことさら注目するきっかけのない「空気」のような存在になってしまう危険性をはらんでいます。常に若者との新しい絆の構築を模索してきた「カップヌードル」ブランドが、いまの若者の特徴を踏まえた新しいコミュニケーションとして、ワカモンもサポートして開発したのが「STAY HOT」と「バカッコイイ」の2つのキャンペーンでした。

「若者のこころの氷山」にあてはめて考えてみると、キャンペーン前のカップヌードルは「世の中ゴトとしてはアリ」かもしれないけど、「内輪のなかでは話題になりにくく」「自分にとってもとくに注目するきっかけの乏しい」、知名度はあれど若者の「I」にあまり届かない状態でした。「カップヌードル」としてどうやって「I」との対話を構築するか、そのた

熱くていいじゃないか。
やりすぎてもいいじゃないか。
ためらわずに、熱い自分を出していこう。
この世界を、もっと熱くしていこう。
カップヌードルも、一緒になって盛り上げます。
いいぞ、もっとやれ。どんどんやれ。
冷めた生き方なんて、もったいない。
STAY HOT
いいぞ、もっとやれ。

いいぞ、もっとやれ。
#stayhot
日清食品

STAY HOT

戻る いいぞ、もっとやれ。コンテスト
いいぞ、もっとやれ
ムービー募集中!!
STAY HOT
Amazon商品券が抽選で当たる!!
★コンテスト応募動画には、スポンサーフレームが自動でつくよ★
テーマは「いいぞ、もっとやれ。」
友達と！カップルと！一人でも！アツい動画なら全然OK!カップヌードルは、どこかに出してね♪

STAFF

企画制作：電通＋ソーダコミュニケーションズ
ECD：木下一郎、齋藤和典 / CD+PL+CW：佐藤雄介 / AD+PL：瀬尾大 / CW：佐藤舞葉 / AD：碓井達朗 / PD：間宮洋介 / PL：大蔵桃子（電通若者研究部）/ コミュニケーションプランナー：中野良一 / AE：島田裕一郎、川上宗一、出張宏明、吉田妃佐子 / CP：有光孝文 / CAS：大杉陽太、池澤響 / ディレクター：井口弘一 / P：大豆生田拓人、澤田昌久 / PM：副田風子、山岸俊哉 / 撮影：穐山茂樹めのひとつ目のメッセージが「STAY HOT いいぞ、もっとやれ。」です。「カップヌードル」としての若者への語りかけが「Iへの肯定」そのものになっている構造で、まわりを気にしたり、情報に振り回されやすい日々を送る若者の心に潜んでいた「思いのままにやりたいことをやってみたい」という熱量を肯定する、そんなアプローチになっています。ブランドを「私ゴトとしてアリ」な存在として伝えるメッセージを用意しつつ、伝え方の戦略として「世の中ゴトとしてアリ」をつくるCM、「内輪ゴトとしてアリ」をつくるVINE[16]やミックスチャンネルといったSNSでの参加型コンテンツやイベントなど、**複数の経路を並行してつくることで、若者に潜む「3人の自分」のアリを目指しました。**

とくに〝「内輪ゴトとしてのアリ」な存在にする＝若者のなかで話題になること〟には、とりわけ工夫を凝らしています。キーワードは「突っ込まれるものを」です。「STAY HOT」のCMでは〝これでもか！〟というほど、ばかばかしさや過剰な演出を詰め込んでいます。情報洪水のなかで日々を過ごす若者たちに注目してもらうための引っ掛かりとして、この

16 VINE

2013年に公開された6秒のループ動画を作成することができる動画共有アプリ。とくに高校生や大学生の間で流行り、作成した動画をTwitterなどにアップロードして楽しむ若者が多い。

過剰演出はうまく機能しました。「いいぞ、もっとやれ」というフレーズも、とくにTwitter上で「＃いいぞもっとやれ」というハッシュタグとともに拡散しました。若者が若者を応援したり、自分自身を鼓舞するフレーズとして、またはおもしろさが際立つネタに対してのいじり文句として、CMを離れたところで若者たちが日常会話でネタっぽく使ってくれるほどに広まりました。こうして**「内輪ゴトとしてアリ」なコミュニケーションとしてひとり歩きするまでに至ったことが、さらに「I」でも受け入れてもらえたという結果に**つながりました。つまり、「WE」と「I」の相乗構造をつくることに成功したといえるでしょう。

さらに高校生に向けたコミュニケーションとして、もうひとつのキャンペーン「バカッコイイ」を展開しました。CGを一切使わず、橋本環奈さんにも600テイクの撮影に協力してもらうことにより、突き抜けたリアリティ追求という「突っ込みどころ」を埋め込み、「ほんとに実写？」「何回やったんだw」など、「内輪のなかでの話題」にすることに成功しました。

STAFF

企画制作:電通+ソーダコミュニケーションズ
ECD:木下一郎、齋藤和典 / PL:鈴木晋太郎 / CW:藤本宗将、辻中輝 / AD:加藤寛之 / PD:間宮洋介
PL:大蔵桃子(電通若者研究部) / AE:島田裕一郎、川上宗一、出張宏明、吉田妃佐子 / CP:福島隆雄
CAS:村瀬耕平 / 演出:森ガキ侑大 / P:大豆生田拓人、今野俊也 / PM:白川敏之 / 撮影:根本祐樹

ふたつのキャンペーンの結果、「カップヌードル」ブランドトータルでの売上は、前年比2桁増を達成。「バカッコイイ」のCM動画は約600万回再生され、「Yahoo!トップ」にも掲載されました。「内輪ゴトとしてアリ」が拡大し、「世の中ゴトとしてアリ」をつくるニュースサイトにも取り上げられて、結果として「私ゴトとしてアリ」にまで到達し、若者にとって「私ゴト」としてとらえられました。いわば〝アリの好循環〟が生まれたことで、若者と「カップヌードル」との間に、新たな関係性を構築することに成功したわけです。

近年、若者はTVを見なくなっているといわれがちですが、このケースからは、TVCMも他のコミュニケーション経路との連携や、メッセージの工夫によって、「I」に届く有効な手段になり得ることがわかります。実際に自分の目でTVを見ていなくとも、今回のように「世の中ゴトとしてアリ」という空気を醸成し、「内輪ゴトとしてアリ」「私ゴトとしてのアリ」に波及させることは可能だといえます［図5］。

[図5]若者の「こころの氷山」から見た「カップヌードル」キャンペーンの成功要因

CASE② 総務省「選挙権年齢引き下げに関する〝18歳選挙権〟プロモーション」

ふたつ目のケースは、打って変わってパブリックなものをご紹介します。選挙権年齢を引き下げる改正公職選挙法、通称「18歳選挙権」交付についてです。2015年に閣議決定され、2016年6月19日に施行されました。初めて適用される国政選挙は7月の参議院選挙。これまで選挙権をもたなかった18歳、19歳の若者に少しでも選挙に興味をもってもらい、選挙での投票率を向上させることが、ワカモンが関わったキャンペーンの目的です。

かねてより若年層の投票率の低さが課題とされてきた日本ですが、20歳以上の若者ですら選挙に行くことは、「内輪ゴトとしてアリ」「私ゴトとしてアリ」のどちらでもない、いわば手ごたえのない行為でした。「どうせ自分が一票入れたところで変わらない…」という、そこに「I」がない意識が存在するせいで、若者らしさのよくない部分である「無関心」が、まさに表れてしまっている状態です。このようにハードルが高い状況に対して、ワカモンは次のようなコミュニケーションを設計しました。

はじめての選挙
18歳選挙

全国で開催されたワークショップの様子

SCHOOL OF LOCK!
TOKYO FM
JFN 38 STATIONS
22:00-23:55
スクール オブ ロック!

東京で開催されたシンポジウムの様子

STAFF

企画制作:電通
CD:吉村裕之、福井崇人(電通ソーシャル・デザイン・エンジン)/ AD:糸乘健太郎、江波戸李生
CW:加藤穣、飯田麻友 / CP:鎌倉直樹、今野晶子 / PD:増田芳夫 / PL:小川智、奈木れい(電通若者研究部)、定兼輝尚 / AE:大曽根哲、西嶌公基、前田一亮 / プロデューサー:植木孝行 / 事務局・PR・運営:森下祐紀(WR Inc.)、宮島さつき(WR Inc.)/ スタイリスト:和田ケイコ / ヘアメイク:菅野綾香 / 撮影:富取正明(ポスター撮影)、高田梓(シンポジウム撮影)

このキャンペーンも「若者のこころの氷山」にあてはめて考えてみましょう。「選挙権が18歳まで引き下げられる」「若者も選挙に行ったほうがいいらしい」といった事実や正論は、さすがに若者の耳にも入っています。問題は、そこだけに止まってしまっていることです。つまり、「世の中ゴト」にしかなっておらず、「内輪ゴト」や「私ゴト」にはまったくなっていないのです。そのふたつにどうやってコミュニケーションの光を届けるのか、キーワードは「徹底した若者目線のコンテンツ設計」でした。

全体のコンテンツ設計を行ううえで、〝若者と政治をつなぐ〟という理念を掲げて活動されている「NPO法人YouthCreate」の代表、原田謙介氏に中心的な役割を担っていただくべく参加してもらいました。

まず最初に意識したのが、彼らの生活のなかのリアルな行動に紐づけていく、ということです。たとえば、実際の投票台や投票箱を使って、全員に模擬選挙に参加してもらうというコンテンツを実施するときは、「気になる立候補者のツイートをRTすることはできるのか?」といった問題を投げかけます。**単に〝選挙に参加をしたほうがよいと唱える〟のではなく、若者たちが〝実感をもって選挙を「私ゴト」に感じる〟ために必要な要素を入れ込ん**

できました。

同時に重要になるのが、若者に向けたコンテンツをいかにして彼らに伝えていくかということです。これについては、10代に絶大な人気を誇るラジオ番組、「SCHOOL OF LOCK!」[17]との連携を通じて実現していきました。「SCHOOL OF LOCK!」は、10年も前から10代に寄り添い、パーソナリティーのとーやま校長・あしざわ教頭とのコミュニケーションを通じて、多くの若者リスナーとつながっています。原田氏とつくったコンテンツを、番組のもつ力や校長・教頭の言葉を通じてさらにカスタマイズしていくことで、選挙のような「私ゴト」になりにくいテーマを「リスナー全体に関係すること」、つまりまず「内輪ゴト」へと位置づけていったのです。

さらに、「SCHOOL OF LOCK!」と連携して実施した全国9都市のシンポジウムでは、合計約2500名以上のリスナーが参加。実際にシンポジウムを体験することで、番組リスナーどうしという「内輪ゴト」から、参加するリスナー一人ひとりに関係する、より主体的な「私ゴト」に変換していきまし

> **17 SCHOOL OF LOCK!**
> (スクール・オブ・ロック!)
> 2005年10月3日よりTOKYO FMをキー局にJFN38局で全国放送されているラジオ番組。放送日時は月～木曜日22:00－23:55、金曜日22:00－22:55。略称は「SOL!(エスオーエル)」。

た。「徹底した若者目線のコンテンツ設計」の実現には、原田氏と「SCHOOL OF LOCK!」との連携は不可欠だったといえます。

そのほかの全国38都市で実施したワークショップでは、〝街×政治ワークショップ〟と題し、「選挙権が若者の『I』とどう関係してくるのか」「選挙に行くことでなにができるのか」について、自分の街をテーマにしながら話を進めました。具体的には、「自分たちの街の好きなところ・変えたいところ」をざっくばらんに話すなかで、政治がどのように生活に関わっているのかを考えるなど、身近なところから政治と自分のつながりを知るきっかけづくりを行いました。

たとえば、街の駐輪場に不満をもっているとします。それを改善するには、ただ文句を言うだけではなく、街のインフラ整備を主張する人に選挙で投票することが大切で、その行動こそが改善を求める声につながります。そういった形で、**若者のなかで遠い存在である政治を身近に感じられるような工夫をし、選挙は「私ゴトとしてもアリ」であると感じさせた**のです。

さらに、ワークショップの運営では、彼らと年齢の近い、全国で選挙関連活動に従事している大学生のみなさんにもサポートしてもらうことで、現場の空気を「大人主導」のものにしないことに注力しました。また、当日はその場で模擬選挙を実施し、リアルな選挙体験をしてもらうことで、フィジカルに選挙を「私ゴト化」してもらうことも狙いました。結果として、多くの参加高校生が「選挙の意味がわかった」「選挙への理解が深まった」「実際に投票に行こうと思う」などのポジティブな感想を残してくれました。

選挙という「世の中ゴトとしてアリ」になりつつあるけど、「内輪」のなかでも「私として」も、いまいちアリになりきれていなかったトピックに、**「徹底した若者目線のコンテンツ設計」をすることで興味の糸口を見出した**のです【図6】。まだまだ草の根的な活動の第一歩に過ぎませんし、実際の選挙で高い投票率を実現するのは、最初はなかなか難しいかもしれません。だからこそ、地道に「I」との対話を積み重ねていくことが、若者と政治の関係性のデザインには必要なのではないでしょうか。

[図6]若者の「こころの氷山」から見た「18歳選挙」プロモーションの成功要因

CASE③

電通若者研究部「サークルアップ」

ここまでは「企業のブランドコミュニケーション」と「公的な啓発コミュニケーション」というふたつのケースを見てきました。最後は、ワカモンにとっては自社の事業ともいえる「サークルアップ」をご紹介します。

「サークルアップ」は大学サークルのために特化してつくられたコミュニケーションアプリで、2016年7月現在、全国288の大学の2600サークル、約46000人の大学生が利用しています。OB・OGを含めた学年ごとの名簿機能、イベントごとに利用者の写真を集約するアルバム機能、企業からの協賛窓口となるオファー機能など、それぞれバラバラな方法で行われていたサークル管理を集約する目的でつくられ、2014年には「コミュニケーションツールを上手く再発明した」として、そのビジネスモデルが評価され、グッドデザイン賞を受賞しています。

多くの大学生たちにとって、「サークル」は大学生活における欠かせない居場所になっています。大学生のサークル所属率は、2002年に56・2%だったのが、2015年には70・6%と、この10年あまりで15%近く上昇しています。サークルは「WE」が行動基準の若者の「つながり意識」の象徴的な帰属母体といえるのです。

一方、若者のコミュニケーションがサークルという〝内輪〟に閉じてしまうことによって、「ほかのことに興味がもてない」「めんどくさい」といった外の社会に対する排他性につながってしまうパターンも少なくないように思います。さらに、「内輪に閉じる」という限られたコミュニティであることが、実はサークルに所属する個人個人にとっての生きづらさにつながっている側面もあります。たとえば、サークルメンバーどうしのやりとりは、もっとも気を遣うコミュニケーションのひとつです。サークル活動に関する事務連絡はしなくてはならないが、別にSNSで「友だち」になりたいとまで思わないメンバーといった、微妙な距離感の人間関係もうまく扱わないといけません。

しかし、既存のSNSでサークルの連絡を取るためには、まず「友だち」という形でつながらないとなりません。つまり、**これまでのSNSの機能では、サークルという難しい人間**

関係のバランスを絶妙に保つことが、実はできていないのではないか、とワカモンでは考えました。

サークルという「内輪ゴトとしてアリ」を最大限楽しめる居心地のよさの裏には、内輪に閉じがちになることによる世の中とのバランスと、個人どうしの距離感が難しいという自分自身のあり方のバランスという、ふたつの難しさがあります。そこでワカモンは、**サークルのもつ「WE」の居心地のよさをそのままに保ちつつ、新たな社会とのつながりの形と、ほどよい人との距離感を「I」として保てる形を両立**した、サークル用のスマートフォンアプリ「サークルアップ」を開発しました。

基本的には「大学サークル専用メーリングリストSNS」ですが、そこには独自の工夫を凝らしています。たとえば「入学年度」です。ユーザー登録時、通常のSNSにはない入学年度の登録を必須としました。これによって、サークル内のユーザーが学年ごとに自動で振りわけられ、「2年生にだけ連絡」といった管理がしやすくなりました。〝先輩には見てほしくない連絡〟というのは、意外とよくあるものだと思いますが、そういった「ほどよい距離感を保てる」設計が支持を集めました。そしてその「ほどよい距離感を保てる設計」が、「内輪ゴトとしてアリ」を最大化して盛り上がれることにもつながります。**個と内輪のバランスを取ることで、煩わしさを排除し、心地よさを加速させることに成功**できた事例だといえます。

また、「サークルアップ」には個人と個人のつながりを登録する、いわば「友だち機能」が搭載されていません。あくまでも「サークルという団体のコミュニケーションの円滑化」に特化したことも、ほかのSNSにはない役割を果たせた理由なのかもしれません。「サークルアップ」がきっかけで、本当に深く濃い友だちになった場合は、友だち機能が搭載されている他のSNSでつながってもらえればよいと考えています。

そして、「内輪ゴトとしてアリ」を排他的にせず、世の中とのつながりをつくる工夫として、「オファー機能」を設計しました。「サークルアップ」内に表示される企業からの「オファー」に応えることで、サークルの「部費」という名目で活動費を入手できます。強制的に見ざるを得ない一般のバナー広告と異なり、ユーザーの大学生は〝広告を見るかどうか〟

大学サークルのためのアプリ「サークルアップ」

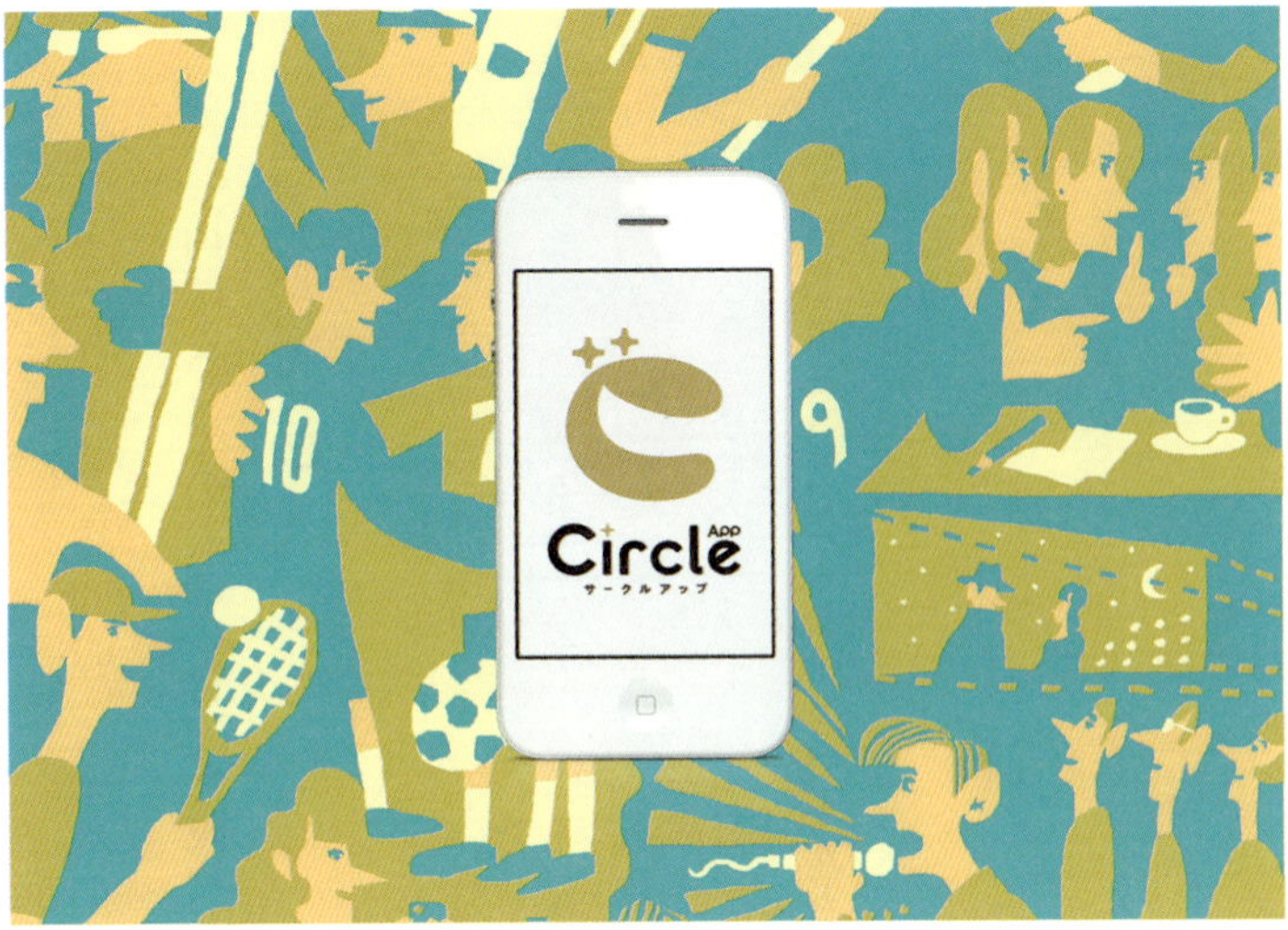

STAFF
事業プロデューサー：小島雄一郎（電通若者研究部）、渡部陽、石元龍太郎
戦略プランナー：西井美保子（電通若者研究部）、飯田依里子
プロモーションプランナー：明円卓、山田瑛介、龍田直人
開発ディレクター：金林真、小林卓弘
UIUXデザイナー：増田総成、吉村康汰
協力：株式会社ユーキャンパス、早稲田大学広告研究会
開発：株式会社クラベス

を「CMを見る」「アンケートに答える」といった選択肢で自ら決められます。これによって、一方通行の企業コミュニケーションを解消し、学生にとっても**「部費を手に入れる」という内輪としての共通の目的を設けることで、サークルが団結する新たなきっかけにもなっている**ようです。

「WE」が主語の行動をとりがちな大学生ですが、そればかりを追い求めると、その上下にある「世の中ゴトとしてアリ」や「私ゴトとしてのアリ」とのバランスを失ってしまうことも少なくないことは、4章でも説明したとおりです。そのバランスの〝難しさの象徴〟ともいえるのがサークルライフです。「サークルアップ」は**〝3人の自分がそろってアリ〟と認められるコミュニケーションツールとして、より快適で有意義なサークルライフをサポート**していきます【図7】。

[図7]若者の「こころの氷山」から見た「サークルアップ」の成功要因

5-5

フラットに向き合うことの価値

新しい価値観をもち、それまでの若者像と異なる行動をとる現代の若者たちを、社会や大人たちは「若者の〇〇離れ」という言葉で表現しがちです。しかし「本当に離れていっているのは大人や社会のほうなのでは?」「そしてそれは、未来の新しい可能性からも遠ざかることを意味しているのでは?」という問いを**「若者離れ」**という言葉に込めて、本書では解説してきました。若者に対して、想像どおりだった部分、未知の実態を知った部分、理解できなかった行動が理解できた部分、さまざまな成果があったのではないでしょうか。

本書を通じて、読者のみなさまに理解してほしかったことであり、**われわれワカモンが本書を執筆するうえでもっとも気をつけたこと、それは「フラットに向き合うことの価値」です。** とかく、若者論は大人の目線で若者を客体として論じるものが多く、その結果、揶揄的になりがちな部分が否めません。一方で、若者たちも「おじさん・おばさん」に対して、自分の立場から一方的に攻撃してしまう側面があることも事実です。そのように「どちらが悪い」「どちらが原因」などと対立構造で考えることも、ときには必要かもしれません。しかし、大人か若者かという構造だけでは、ひとりの「I」をもって生きている人の可能性を、集団の中に埋めてしまうおそれがあります。

対立構造ではなく、互いのよいところをフラットに認め活かしあうこと。たとえば、高齢者にとっての住みよいまちづくりのアイデアを若者が実現する。たとえば、若者に対して部屋の余った家をシェアハウスとして高齢者が開放する。世の中には、お互いのよいところを〝たすき掛け〟できるチャンスがもっとたくさんあるはずです。しかし、世代を超えた対話やその先の価値創造が得意な社会だとは、まだまだ思えないというのがワカモンの気持ちです。

世界はこれから、さまざまな要因によって未知の段階に突入していきます。もちろん日本社会も例外ではなく、超高齢化社会、情報革命、グローバリゼーション、テクノロジーの爆発的進歩など、むしろ世界のどの国もこれまで経験したことがないような、未知の課題に真っ先に直面していくといえるかもしれません。しかし、この状況をポジティブにとらえるなら、それらの未知なる課題との直面をきっかけに、**まだどの国も創造したことのないような、「前提の打破」や「未来の実現」にも、もっとも近い**といえるのではないでしょうか。

そのときの大きなカギのひとつは、大人と若者の関係性を、対立構造ではなく協力構造にアップデートすることです。そしてそのためにはまず、「フラットに向き合うことの価値」を、根気よく信じることなのかもしれません。面倒かもしれませんし、なかなか難しいかもしれませんが、彼らの「I」と対話することさえできれば、「質の影響力」を社会に活かすことができるのです。

「ズレ愛」という言葉にも込めたように、未知なる価値観や行動を、奇異なことと断じるのではなく、かといって無理に迎合するのでもなく、その違いを認めて面白がるくらいのゆるいスタンスから、若者との向き合い方をとらえなおしてみてはどうでしょうか。その延長線上に、じつはけっこう、捨てたもんじゃない未来の可能性が秘められていると、ワカモンは思っています。

ここだけ読めばざっくりわかる！

5章のまとめ

● 「I」との対話をどのようにするかが、若者と良い関係性を築き、動かせるかどうかの最大のポイント。しかし、「大人からのコミュニケーション」のほとんどは「I」まで届いていない。

● 規模の大小に関わらず、「I」との対話において大事なのが、**「ズレ愛のある大人の5つのスタンス」**である。

ズレ愛スタンス① 〝誰かが〟ではなく〝私が〟で向き合う

ズレ愛スタンス② 〝集団〟ではなく〝個〟に向き合う

ズレ愛スタンス③ 〝上から〟ではなく〝尊重〟

ズレ愛スタンス④ 〝Ｗｈｙなき命令〟ではなく〝Ｗｈｙの共有〟

ズレ愛スタンス⑤ 〝こちらの論理〟ではなく〝共通の論理〟

●さらに、若者のなかの「3人の自分」全員から「アリ！」をもらえると、実際の行動まで変わる。

「世の中における自分」↓ いまの世の中の空気と照らしてアリかどうか。

「内輪の中の自分」↓ 友だちや身近な人たちからの見え方としてアリかどうか。

「純粋な自分」↓ まわりのことは関係なく自分自身がアリかどうか（＝I）。

おわりに

構想から早一年。難産だった本書もようやく「あとがき」までたどり着くことができました。この本の執筆を通じて、私たち電通ワカモンがやりたかったことの本質は、「世代論を超える」ということだったたと、改めて思います。「電通若者研究部」というプロジェクト名からは当然、若者研究や若者マーケティングの専門チームという印象が強く、もちろんそれはビジネスにおいては事実なのですが、同時に私たちは若者のみなさんを、「他の人とは違う特異な存在として切り出して論じる」ことが、果たして本当に若い人たち本人のためや、社会のためになるのかという疑問をずっと抱いていました。

その思いから、若者を研究することは「切り離して論じるため」ではなく、「違いを知ったうえでしかわからない、その先の未来のつながり方を見通すため」だという本質的なわれわれのメッセージを、この本には込めたつもりです。世代の違いや常識、価値観の違いを、認めたうえでいかに超えていくか。少しでも気づきやヒントを感じていただけたらとてもうれしいです。

そして、この本そのものが、多くの大人のみなさんと若者のみなさんの協働によって形になったことを、何よりもうれしく思います。最後になりますが、この本を書くにあたり多くの示唆を与えてくれた電通の同志のみなさん、クライアントのみなさん、執筆にあたり多大なアドバイスをくださった皆本類さん・小倉宏弥さん・霜田明寛さん、このたびの貴重なきっかけをくださったＭｄＮのみなさん、イラストやマンガを描いてくれた小島洋介さんをはじめとする20名の電通若者研究部のメンバーたち、そして何よりも日頃の交流のなかでワカモンに大いなる学びと発見とモチベーションを与えてくれる若者のみなさまに、心から感謝いたします。

本書が、大人のみなさまにも、若者のみなさまにも、より気持ちよく日々を過ごすためのきっかけになることを、著者一同、心よりご祈念いたします。

２０１６年6月吉日
電通若者研究部を代表して
吉田将英

著者プロフィール

吉田《よしだ》将英《まさひで》 | ワカモン代表／フォーサイトディレクター

1985年生まれ。2008年慶應義塾大学卒業後、前職を経て2012年電通に入社。ワカモンでは代表としてプロジェクトプロデュースとインサイト研究を担当。兼務として、経営全般をアイデアで活性化する未来創造グループに所属し、さまざまな企業と協働プロジェクトを実施。2009年JAAA広告論文新人部門入賞。PARC CERTIFIED FIELDWORKER（認定エスノグラファ）。本書では1、4、5章を執筆。

奈《な》木《ぎ》れい | ワカモン研究員／プロジェクトプランナー

1989年生まれ。2011年早稲田大学卒業後、電通に入社。ワカモンでは実際の若者との関係性構築を軸としたインサイト研究及び各種メディア対応を担当。2015年には東京FM　武井壮「シューカツの王」に半年間レギュラー出演。NewsPicksのプロピッカーも務めた。兼務として、2020年へ向けたビジネス開発や、地方創生業務にも従事。2016年ヤングライオンズコンペティションPR部門国内予選BRONZE受賞。本書では2章を執筆。

小木《おぎ》 真《まこと》 | ワカモン研究員／リサーチプランナー

1979年生まれ。2002年法政大学卒業後、前職を経て2003年ビデオリサーチに入社。2013年に電通に出向し、ワカモンに参画。主にリサーチ企画、フィールドワークなどを通じたインサイト研究、外部発信などを担当。2015年にビデオリサーチに帰任し、企画開発などに従事。本書では3章を執筆。

佐藤《さとう》 瞳《ひとみ》 | ワカモン研究員／PRプランナー

1990年生まれ。2013年駒澤大学卒業後、前職を経て2014年電通に入社。ワカモンではPR領域を担当。コーポレート・コミュニケーション室に所属し、ウェブ電通報の運営や企画編集、出版業務などに従事。本書では進行管理とコラム執筆を担当。

引用文献

『何者』(P263-264/270)朝井リョウ／新潮社／2012
『なんとなく、クリスタル』(P220)田中康夫／新潮社／1985

参考文献

※著者名 五十音順

『「若者」とは誰か　アイデンティティの30年』浅野智彦／河出書房新社／2013
『地方にこもる若者たち　都会と田舎の間に出現した新しい社会』
阿部真大／朝日新聞出版／2013
『弱いつながり　検索ワードを探す旅』東 浩紀／幻冬舎／2014
『日本辺境論』内田 樹／新潮社／2009
『ソーシャルメディアの何が気持ち悪いのか』香山リカ／朝日新聞出版／2014
『ヤンキー化する日本』齋藤 環／KADOKAWA/角川書店／2014
『初音ミクはなぜ世界を変えたのか？』柴 那典／太田出版／2014
『ウェブ社会のゆくえ〈多孔化〉した現実の中で』鈴木謙介／NHK出版／2013
『マーケット感覚を身につけよう「これから何が売れるのか？」わかる人になる5つの方法』
ちきりん／ダイヤモンド社／2015
『つながりを煽られる子どもたち　ネット依存といじめ問題を考える』
土井隆義／岩波書店／2014
『子どものまま中年化する若者たち　根拠なき万能感とあきらめの心理』
鍋田恭孝／幻冬舎／2015
『大二病「評価」から逃げる若者たち』難波功士／双葉社／2014
『さとり世代　盗んだバイクで走り出さない若者たち』
原田曜平／KADOKAWA/角川書店／2013
『近頃の若者はなぜダメなのか　携帯世代と「新村社会」』原田曜平／光文社／2010
『ヤンキー経済　消費の主役・新保守層の正体』原田曜平／幻冬舎／2014
『絶望な国の幸福な若者たち』古市憲寿／講談社／2011
『だから日本はズレている』古市憲寿／新潮社／2014
『つくし世代「新しい若者」の価値観を読む』藤本耕平／光文社／2015
『一億総ツッコミ時代』槙田雄司／星海社／2012
『これからの日本のために「シェア」の話をしよう』三浦 展／NHK出版／2011
『世代論のワナ』山本直人／新潮社／2012

制作スタッフ

執筆――1章、4章、5章／吉田将英
2章／奈木れい
3章、年表／小木 真
コラム／佐藤 瞳

装丁――柴田ユウスケ（soda design）

デザイン――柴田ユウスケ（soda design）
金子英夫（テンテツキ）

DTP――波多江潤子（ANTENNNA）

表紙イラスト――小幡彩貴

紙面イラスト・マンガ――小島洋介（電通）

SEAモデルイラスト――高橋としゆき（Graphic Arts Unit）

作図――金子英夫（テンテツキ）
波多江潤子（ANTENNNA）

編集協力――秋山由香、松山 響（Playce）、
中里篤美

取材撮影――松里浩義

編集――後藤憲司

若者離れ　電通が考える未来のためのコミュニケーション術

2016年8月1日　初版第1刷発行

編者　電通若者研究部
著者　吉田将英、奈木れい、小木 真、佐藤 瞳
発行人　藤岡 功
発行　株式会社エムディエヌコーポレーション
〒101-0051 東京都千代田区神田神保町一丁目105番地
http://www.MdN.co.jp/
発売　株式会社インプレス
〒101-0051 東京都千代田区神田神保町一丁目105番地
印刷・製本　中央精版印刷株式会社

Printed in Japan

【カスタマーセンター】
造本には万全を期しておりますが、万一、落丁・乱丁などがございましたら、送料小社負担にてお取り替えいたします。お手数ですが、カスタマーセンターまでご返送ください。

商品に関するお問い合わせ先
info@MdN.co.jp

落丁・乱丁本などのご返送先
〒101-0051　東京都千代田区神田神保町一丁目105番地
株式会社エムディエヌコーポレーション カスタマーセンター
TEL：03-4334-2915

書店・販売店のご注文受付
株式会社インプレス　受注センター
TEL：048-449-8040／FAX：048-449-8041

ISBN978-4-8443-6600-3　C0030